신 대철

예지시선 0 7 5

상록마녀

신단향 시집

상록마녀

애지시선 075

상록마녀

2018년 5월 21일 초판 1쇄 발행

지은이 신단향
펴낸이 윤영진
편 집 함순례
홍 보 한천규
펴낸곳 도서출판 애지
등록 제 2005-5호
주소 34623 대전광역시 동구 대전로867번길 46
전화 042 637 9942
팩스 042 635 9941
전자우편 ejiweb@hanmail.net

ⓒ신단향 2018
ISBN 978-89-92219-74-7 03810

* 저자와의 협의에 의해 인지를 생략합니다
* 이 책 내용의 전부 또는 일부를 재사용하려면 저자와 애지 양측의 동의를 받아야 합니다
* 저자와의 협의에 의해 인지를 생략합니다
* 이 책은 안산시문화예술진흥기금 지원을 받았습니다

□ 시인의 말

내게 다가오는 무거운 짐을 지고,
미소 지으라 했으나,
시가 있어,
갈대를 흔드는 바람 위에 앉을 수
있었으니,

2018년 봄
신단향

차례

시인의 말　005

제1부 상록객잔
상록수역　012
마녀론　014
마녀의 하루　016
껍데기론　018
독수무정　020
혈겁의 거리　021
금연 구역　022
무모한 열정에 대하여　024
졸개들　026
행복　028
잔영들　030
단향보검　033
태풍전야　034
반성　036
독수천국　038

□ **시인의 말**

내게 다가오는 무거운 짐을 지고,
미소 지으라 했으나,
시가 있어,
갈대를 흔드는 바람 위에 앉을 수
있었으니,

2018년 봄
신단향

차례

시인의 말　005

제1부 상록객잔

상록수역　012
마녀론　014
마녀의 하루　016
껍데기론　018
독수무정　020
혈겁의 거리　021
금연 구역　022
무모한 열정에 대하여　024
졸개들　026
행복　028
잔영들　030
단향보검　033
태풍전야　034
반성　036
독수천국　038

취권 039
대결 040
안부 042
피알 044
굽쇼! 046

제2부 하루가 하루로 하루를

04시 30분의 테이블에는 재떨이가 있다 050
하루가 하루로 하루를 052
어머니 피다 054
25시 편의점 사내 055
꽃핀 056
프로메테우스의 퇴근 057
서더리탕 058
무릉도원 060
찹쌀떡과 망개떡 사이 062
오아시스는 어디인가 064
지하도에서 066

제3부 펄럭이던 치마가 잠들 때까지

가장 070
펄럭이던 치마가 잠들 때까지 072
외삼촌 074
백설기 076
나를 휘젓는다 078
사과꽃 아이들 080
양말 한 짝 082
극기 084
춘천 닭갈비 속엔 춘천이 없다 086
나비와 꽃 088
미안해 사랑해 090
쑥을 사다 092
깊은 잠 094
열기구 096

제4부 어디에 가더라도

이삿짐 100
박하향 102
콩새 104
늦장마 106
쫄랑쫄랑 간다 108
뽑힌 자리엔 허공이 110
맑음 또는 흐림 112
유리문 사이에 두고 114
초생달 115
이슬의 무게 116
어디에 가더라도 118

해설 | 호병탁 121

제1부
상록객잔

상록수역
— 상록객잔

당신과 이 도시에 처음 들어왔을 때
이곳은 아침의 안산이라 불렸다

당신이 우리 곁을 떠나고
한숨도 사치라 저자거리로 나섰다
잠든 아이들의 방문을 밖으로 잠그고
식당 테이블 화덕마다 연탄불을 피우고
돼지의 뱃살고기를 난도질했다
쉴 틈 없이 핏대를 올리는 팔뚝
식도를 쥔, 힘줄을 퉁겨내는 악다구니의 나날

상록의 여린 잎은 지옥에서 말라 가는가
날밤을 새며 식칼검술을 익히고
어질머리로 돌아와 잠을 청해야 하는 아침녘
새끼들이 자명종처럼 울었다

석쇠 위에서 그을려지는 기억들

아침의 안산, 후미진 이곳에도
상록수역이라는 싱그러운 이름을 달고 전철이 들어섰다
지독한 독작의 냄새로 막차를 타고 와
붉은 얼굴로 첫차에 실려 일 나가던 당신

세월은 생살을 발라내고
식은 계란탕을 불 위에 얹는다
활활 타는 연탄불
사그라지는 연탄불
재가 되는 연탄불

아침 햇살이 내린다

상록수역의 늘 푸른 나무들은 금빛을 입고
어디로 가려는지 어느새 금빛을 입고

마녀론
― 상록객잔

 상록객잔을 기웃대는 무사들은 주인인 나를 보고 마녀라고도 하고 여우라고도 한다 객잔의 문턱을 넘는 무사들에게 마녀 아닌 마녀 두 새끼의 어미 된 홀어미 마녀가 사랑 없이 어찌 넘치는 잔을 건넬 수 있겠는가 어미의 정과 연인의 사랑으로 무사들의 호주머니 속 엽전을 노리니 마녀답게, 철저히 마녀로서, 무사들의 배는 우선 채워줘야 한다 후후 훗!

 무사들에게 머리 조아리며 치명적 미소를 선사하며 호주머니에 든 엽전의 무게를 다시 가늠한다 주정부리지 않고 세전 깔끔히 내고 점잖게 객잔의 문턱을 넘어갈지를 노려보는 짐짓, 야성의 집착으로 꼬리를 꽉 물어주고 싶은 것 빗자루에 걸터앉아 기울어진 잔의 각도를 보면 무사의 가슴속 잔이 얼마나 비워지고 채워지고 하는지는 알고도 남는 터 무사들에게 너무 밀착한 온정을 베푼다고 질투하지 마라 어미처럼 연인처럼 사랑이 교란되는 마녀의 본성을 여우라 하지 마라 너희들 무사들의 입맛이 편식된 탓이므로 마녀든 여우든 객잔의 문전이 무사의 발길

로 성시가 이루어지길 바랄 뿐이니

마녀의 하루
― 상록객잔

이곳은 원래 바다였고 개펄이었다
공룡들이 알을 품고 시조새가 날던 곳에
공단이 들어서고 전철이 놓이더니
상록수역이라 했다
사방을 돌아봐도 푸른 것은 내 손톱밖에 없다
밤이면 수만 개의 연탄불을 피우고
수명이 짧은 것들의 잔해를 굽는다
고향에서 쫓겨나 돈 벌러 흘러든 사내들과
그들의 호주머니를 노리는 여자들이 모이는 곳
색색의 네온 사이로 매일
사십 도가 넘는 비가 내리는 곳
그 중 몇은 하인이 될 것이고
몇은 안주가 될 것이다
대학교가 들어서고
젊은 것들이 늘어나더니
돈 벌러 온 외국인들마저 넘쳐

성업 중이다 내 주막은
언제나 재료로 쓸 인간들이 가득하다
한 백 년 잘 머물 수 있을까?
악령의 손톱과 인간의 눈으로 끓이는 묘약을 만들며
소멸되지 않는 마법을 완성할 수 있을까
오늘도 땅거미가 스멀스멀 내려오고
바닥이 구멍 난 속을 채우려는 자들이 모여든다
이곳의 역사는 나만 안다

껍데기론
— 상록객잔

1

목욕바구니를 보검처럼 옆구리에 차고 상록객잔 문을 밀고 여전사들이 들어온다 찜질에 지친 볼은 발그레하다 객잔의 공기가 웃음소리에 술렁거린다 불판 위에서 열 받은 돼지껍데기가 튀어 올라 이마에 부딪친다

피부에 좋다지만 정력에 더 좋아 우리 집 사내가 껍데기 먹는 날은 내가 몇 번 죽었다 사는 날이라니까

순간 들썩거리던 지글거림이 드세어지고 여자들은 바쁘게 껍데기를 씹는다 그녀들의 주변에는 오로라의 조명이 은은히 퍼진다

2
상록객잔에 무림의 고수가 왔지
푸렉*의 복장으로 붉은 갑각류의 쌍칼을 메고 왔지

취권으로 비틀거리는 발로 쾅쾅 마법을 전파하였지
용암천 외다리를 건너는 나귀의 두 다리처럼 내 다리는 후들거렸고
불치의 외뿔을 휘두르는 고수의 절묘한 묘기엔
눈알이 뱅글거렸지 쌍칼 끝에선 불꽃이 튀었지

3
양파 속의 질서처럼 가지런한 껍데기들의 계층인가
고수의 곡주 잔엔 무지개가 둥글게 떠 있었지
졸개는 결코 껍데기가 될 수 없다는 것을 알게 했지

4
날카로운 손톱으로 창자의 배알을 끄집어내야겠어
기름지고 고소한 살코기를 익혀야겠지만 얕고 진부하니
언젠간 껍데기의 피비린내를 맛보여야겠어
외줄 위의 칼춤이 얼마나 아름다운지 의욕에 찬 배를 뽐내야겠어

*푸렉 : 푸우와 슈렉의 합성어

독수무정
— 상록객잔

하얀 손수건에
너의 얼굴을 수놓던 밤이 있었다

너는 낯선 품으로 떠나고
손수건에 수놓아진 꽃은 가시가 되었다

내 심장엔 독가시의 냉혈이 서걱거리고
하늘 가득히 떠오르던 정은 유빙이 되었다

나는 마녀가 된 것이다
협객인 척하는 남자들에게 독가시를 날려 줄 것이다

너와 나의 비수가 맞닿아 불꽃이 튕겨진다면
절정계곡에서 끓어 넘치는 용암으로 네 온몸을 태워버리 것이다

헐겁의 거리
— 상록객잔

목구멍들이 늘어서 있다
포도청이다
포도청은 갑옷 수문장이 날 창을 세워 지키는 곳
식솔이 주렁주렁 매달려 이형 신체가 된 주모
그 주모의 객잔이 적자를 거듭하는 나날
취객 하나라도 제 청안으로 잡아넣으려
우람한 목소리로 눈빛 창을 꼬누어 호객한다
포도청이 늘어선 거리
거미줄 넝쿨이 하루가 멀다 엉킨다
날 저물면 청 밖에 나와 넝쿨을 펼치는 주모들
찢어진 옆 눈으로 서로의 목구멍에 표창 질이다

금연 구역
— 상록객잔

　객잔의 지붕 위에 앉아 흡연자의 정강이뼈로 만든 피리를 불며
　금연령이 선포된 구역을 내려다본다
　무사들은 산과 들에서 깨어나 모여들고
　시절의 이빨은 묘연하다 금연이 지엄한 국법이 되었으나
　무모한 허파들은 여전히 니코틴을 놓지 않는구나

　흑가면의 철퇴들이 근엄한 회오리바람을 몰고 와
　목구멍에서 전신으로 퍼져가는 나른한 즐거움을
　오금 저리게 할 터인즉
　온몸에 뾰족한 가시가 돋는다 해도
　금연이란 벽보 딱지를 업신여기지 말지어다

　지구에 터를 잡고 무사도의 날을 간 지 어언 수십 년
　시정잡배들과 협객들을 거스르며
　소소리 바람의 한기를 견뎠지
　불구덩이를 무두질하던 손끝도 날렵해지고

헐겁의 거리
— 상록객잔

목구멍들이 늘어서 있다
포도청이다
포도청은 갑옷 수문장이 날 창을 세워 지키는 곳
식솔이 주렁주렁 매달려 이형 신체가 된 주모
그 주모의 객잔이 적자를 거듭하는 나날
취객 하나라도 제 청안으로 잡아넣으려
우람한 목소리로 눈빛 창을 꼬누어 호객한다
포도청이 늘어선 거리
거미줄 넝쿨이 하루가 멀다 엉킨다
날 저물면 청 밖에 나와 넝쿨을 펼치는 주모들
찢어진 옆 눈으로 서로의 목구멍에 표창 질이다

금연 구역
— 상록객잔

객잔의 지붕 위에 앉아 흡연자의 정강이뼈로 만든 피리를 불며
금연령이 선포된 구역을 내려다본다
무사들은 산과 들에서 깨어나 모여들고
시절의 이빨은 묘연하다 금연이 지엄한 국법이 되었으나
무모한 허파들은 여전히 니코틴을 놓지 않는구나

흑가면의 철퇴들이 근엄한 회오리바람을 몰고 와
목구멍에서 전신으로 퍼져가는 나른한 즐거움을
오금 저리게 할 터인즉
온몸에 뾰족한 가시가 돋는다 해도
금연이란 벽보 딱지를 업신여기지 말지어다

지구에 터를 잡고 무사도의 날을 간 지 어언 수십 년
시정잡배들과 협객들을 거스르며
소소리 바람의 한기를 견뎠지
불구덩이를 무두질하던 손끝도 날렵해지고

언제나 짓눌러대던 바윗덩이를 조각내느라 눈물도 말
랐지

눈속임으로 빡빡 빨아대는 비양심의 털을
포정해우佝解牛丁의 칼날로 도려 내 주마
너의 몸에 잠자는 온갖 아첨과 비굴이 정의로워지도록
네 정강이뼈에 구멍을 내주마

상록객잔은 취권을 연마하는 무도장
소인무사들이 뿜어대는 매연으로
상록무사들의 허파에 바람이 들어서야
온몸이 오그라지는 금단현상으로 네 혀가 갈라지더라도
금연 구역에서는 금연을 명심하라

객잔의 지붕 위에서 사막의 모래바람이 나의 치맛자락
을 찢는다
세상 밖은 유성이 꽃으로 휘장을 두른다

무모한 열정에 대하여
— 상록객잔

 눈보라 헤치며 성큼 들어오는 검은 옷의 사내, 옆구리에 부러진 칼을 차고 있다 장미 칼이다 상록객잔 마녀의 요색한 방에 볼품없는 헛기침이 새어 나온다

 함박눈이 치맛자락 너풀대며 지붕과 지붕 위를 건너뛰는 골목엔 사람들이 어깨를 웅크리고 지나가고 숫돌에 정성스레 간 식도를 들고 사내와 맞대결하는 동안 그의 눈동자는 점점 흐려지고 내 발가락은 저려온다

 테이블을 사이에 두고 칼과 칼이 부딪혀 불똥이 번쩍이는 잔엔 서로의 밧줄이 팽팽하다 쉴 새 없이 휘두르는 사내의 칼놀림엔 졸음만 올 뿐 내려앉은 눈꺼풀 밖으로 바람이 흥얼거린다

 눈은 그쳤고 골목은 사나운 빙판으로 변해간다 사내의 술잔에 슬그머니 매혹의 미소와 비아그라 한 알 들어간다 일어나라 무사여 밖에는 눈이 다시 오고 마녀의 칼끝은

사혈을 보고 있다

비수에 꽂힌 사내의 젖은 눈이 술잔에 잠겨 있다

졸개들
— 상록객잔

 힘 빠진 얼굴로 혼자서 판자문을 삐거덕 밀고 들어온 놈에게 나는 권주가를 청하지 않는다 회사 단합대회에서 밀려났든가 일행을 따라잡지 못한 졸개이기 때문이다 다만 얼마나 취했는지 제 정신이긴 한지 슬쩍 재빠르게 눈저울을 재 볼 뿐

 사막의 모래바람이 객잔을 파고드는 날엔 모자란 요깃거리로 그런 졸개를 도마 위에 올려놓기도 하는데 팔딱거리는 주정꾼에게는 그놈의 입구멍에 아스파라긴산의 묘약을 분사해 오금을 주저앉힌다

 도마 위에 올려 개복한 졸개의 간이 썩었다 썩은 간에서 나오는 말들이 굳어 입가에 백태가 낀 확성기를 휘둘러댄다 한밤중 사지를 늘어뜨리고 졸던 바람이 화들짝 놀라 날갯짓을 하였고 꾸벅거리던 노곤함이 발끈 치솟아 그의 간을 움켜쥐고 썰기 시작한다

맹독의 흰 머리카락 한 올 뽑아 그의 정수리에 냅다 꽂았다 온몸에 서서히 독이 퍼지는 동안 졸개는 객잔의 주안상을 몇 번이고 패대기치다가 곧 비틀거리기 시작한다 나는 코웃음치며 뒤통수에다 한번 더 흰 머리카락의 독침을 날린다

오늘은 손질할 수고도 아깝다 열두 폭 치맛자락 휘날리며 뒷발길로 걷어차 버린다 생기가 허약하고 외로움을 두려워하는 졸개일수록 지역의 협객이 으름장 놓는 것만으로도 줄행랑이다 강호는 지키는 자와 달아나는 자로 구별될 뿐이다

행복
— 상록객잔

막 개방의 방주가 된 김씨는 품속 엽낭에 고이 꾸려 둔 어음쪼가리를 꺼내어 내밀다 눈물을 글썽인다 목숨을 걸고 수십 년 만에 이룬 방주의 자리는 부도로 위태롭단다

마녀가 김씨의 어깨를 토닥이며 미소검법을 전파해 준다

너의 육신과 마음이 힘에 겨울 때 사계절 피는 꽃을 입에 문 필마를 선물할 것이니, 너는 너의 아이들을 준수하게 연마하여 개방에서 제일가는 용맹으로 천금준마를 타도록 하게 할지어다

킬리만자로의 표범이 되어 부도난 어음을 입에 물고 으르렁거리거라

범의 고삐를 죄며 신천지의 등고선에 오를 무렵 눈물에 젖었던 눈이 웃는다 그래 순간의 신명이 평생의 흥이 될

것이니 신념의 눈빛으로 너의 성을 쌓을 때 웃음소리가 밤하늘을 들썩일 것이다 화인을 되짚으며 쓰라렸던 가슴을 신트림으로 토할 때 나 또한 미소를 입에 걸지 않겠는가 웃음을 선사하는 마녀의 마술은 밤하늘 위로 번져 오르고 객점의 지붕은 밤이슬에 물맛에 젖는다

잔영들
— 상록객잔

 손톱이 길어지고 송곳니를 드러낸 마녀가 되어 흥망을 거듭하며 뼈와 살을 삭힌 지 어언 수십 년 나와 나의 객잔을 스쳐 지나간 수많은 무사들 젊은 날 객잔을 드나들다가 반백의 중년이 되어 다시 문을 밀고 나타나기도 한다 객잔은 언제나 무사들이 들어 한잔 걸치고 제 세월의 흥망을 풀던 곳

 솜털이 보송하게 돋은 키 작은 소년 하나가 나를 스쳐간다 의자에 앉아 살점과 알곡을 게걸스럽게 먹는다 아이는 엄마가 먼저 가서 먹고 있으라 했으니 금방 올 거라 했다 잘 먹는 아이의 머리를 쓰다듬어 주고 싶었으나 아이의 머리카락이 쭈뼛해져 신기의 극약이라도 내뿜을까 멈칫거렸다 '애야! 너의 손이 내 가슴의 가마솥에서 끓고 있는 내 아이의 손을 닮았구나!' '애야! 네가 살덩이를 질겅이는 송곳니는 가마솥에 불을 지피고 있는 내 어미의 것과 흡사하구나! 너의 여린 이빨이 고기를 질겅일 때 네 삶의 길은 늠름한 협객의 모습으로 열려있다' 슬며시 부른

배를 지탱하고 일어서서 화장실을 간다는 아이의 뒷덜미를 바라보며 '얘야, 네 어미는 화장실에서 여지껏 혼밥이라도 먹고 있다는 거니? 가만가만 뒷모습을 남긴 아이는 필마를 타고 별빛 속을 내달리고 있었다

 언제나 술이 얼큰해지면 중년의 그 검객은 불란서 샹송이라며 알아듣지 못하는 발음으로 흥얼거린다 마녀의 귀는 상처 난 LP판처럼 끽끽거리는 그런 발음에 익숙하지 않다 죽은 아내는 한 소절만을 되돌려 부르는 그 노래를 함께 불러 줄까? 그녀의 십팔번이 중년 검객의 눈동자 속에서 강물처럼 흐르면 마녀는 급기야 심술을 일으킨다 긴 손톱으로 그의 얼굴을 할퀴며 긴 혀로 그의 목을 조인다 검객의 훌쩍거리던 눈빛이 마력의 향기에 흐느적이며 웃는다 먹어라 마셔라 함께 먹고 돼지기로 아내의 몫까지 즐겁게 주독에 빠진다

 누나! 나랑 함께 살아 줄거? 언제나 술에 절여져 있는

한기봉 무사가 사십이 훌쩍 넘어도 장가를 못 갔다 딱한 마음에 권주가를 불러주는 마녀에게 청혼을 한다 권주가의 음정 박자는 청천벽력의 소리에 노랫가락을 끊어버렸다 손톱의 날이 단도 날처럼 긴장한다 넓은 등에 기대어 잠들어 본 적이 있었던가 없었던가 마녀가 정인을 두면 마력의 힘이 허물어진다 하였거늘, 두근거리는 마음이 징 소리를…

 사랑하던 기억이란 영원의 끄트머리라도 휘어잡고 싶은 안쓰러움의 일일까 문득, 한 발자국씩 걸어 나오는 지난 일들이 오늘의 일들 같다 시간은 나를 떠나갔지만 기억의 마른 날개를 바스락거리며 모두 웅크리고 있었다 아무것도 보내지 않았던 것 오히려 고삐처럼 꽉 잡고 매달려 있었던 것, 하나씩 불려나오는 이 사랑의 기억이 마력 같다

단향보검
— 상록객잔

햇볕과 바람과 달빛을 베어 놓고
붉은 향기 내뿜으며 전신으로 울던 단향보검

불 구덕 속에 내던져진 채
제 한 몸 벼리며 생이 찌그러져 간다
얼음 폭포 속에서 일어서려 바동거려도 봤다

영웅이라 뻐기던 자들의 허풍과 주접을 베던 신공도
재처럼 퇴색하고
쭈그렁 웃음이나 팔며 호객하는 남루가 되었구나

녹 쓸고 날 빠진 무쇠여
날 서고 번쩍이던 시절이여
생활고의 무딘 식칼이 되어
비실비실 살코기나 써는 붉을 단 향기 향의 보검이
사철 충혈 된 눈빛에 잠기는
이빨 빠진 검이 되어 있구나

태풍전야
— 상록객잔

 태풍이 북상하고 있다는 밤이다 행군에서 낙오된 무사 한 명이 지친 듯 자리에 앉는다 거리엔 나뭇잎들이 바람에 나뒹굴어져 다닌다 무사의 얼굴엔 이미 취기가 올라 있다 어느 마녀에게 혼을 빼앗겼다가 세월에 내몰렸는지 눈빛 허탈하다 엄습하는 노을빛이 주름 얼굴에 내려앉았다

 젊은 남녀 한쌍이 팔짱을 끼고 붉은 불빛 속으로 사라지는 시간 부러진 장검을 어깻죽지에 걸치고 술잔을 꽉 쥔 채 온몸 부르르 떠는 무사는 소싯적 사랑의 결투에서 패한 아픔을 토로하고픈지 허공을 바라보다가 뚝뚝 떨어지는 눈물을 두터운 손등으로 닦는다 한 여인의 심장에 칼을 휘두르던 객기도 사라지고 혼자만의 욕지기를 중얼거린다 커다란 두 손으로 얼굴을 가리고는 '사랑받고 싶어요 나를 사랑 좀 해 주세요'라며 애틋한 눈빛으로 마녀를 바라보다 통곡한다 무사의 통곡에 술잔이 뜨겁고 부끄러워 고개를 숙이는데 옷깃을 펄럭이던 바람 눈물까지 마르게 하려는지 또 한번 쌩하고 분다 저 바람 뒤를 이어 태

풍이 올 것이다 이곳은 배들이 피란하는 부두 네가 아무리 울어도 돌볼 시간이 없구나

반성
— 상록객잔

햇살이 하지로 치솟아 가는 늦봄
썰어진 고기들이
육에서 식이 되기 위해 환승을 기다리고 있다
각자의 뱃속에서 피와 살로 스며들어
수 갈래 길 몸속에서 굽이굽이 돌아
어느 산천초목의 잔뿌리를 감싸고 깊어지리라

눈동자가 해맑은 여 검객이 여우꼬리 아홉 개 달린 장도를 차고 끼니때를 놓친 배구협회 무사들을 떼거지로 몰고 왔다 여우꼬리 장도를 허리에 감고 무사들 틈 바구니 오가며 뇌살 미소를 짓는다 식욕을 만땅 채우지 않으면 여우꼬리 장칼을 휘두르겠다는 듯 불판 위로 연신 생살들을 날라댄다

여 검객은 아름다운 몸이 접혀질 듯 휘어질 듯 권주 가무를 춘다 열광 속에서 꼬리를 살랑거리며 잘들 드셨냐고 많이들 자셨냐고 함박웃음으로 무사들을 챙기며 퇴장한

다 무사들도 우르르 배불러 하며 따라 퇴장한다

  조용해진 객점 혼자 된 나는 그녀의 걸음걸음을 흉내내 본다 한 초식 한 초식이 얼마나 가벼운 나비걸음이었던가 내 손엔 허공 한줌만 놓여 있을 뿐 식비를 받지 못했다 먹다 남은 생살코기 부스러기와 소주잔만 파편이 되어 뒹고 있다 전등불이 눈물처럼 담겨있는 유리잔을 보며 찬조 선심이나 쓸 것을 반성과 후회를 합쳐 빈 잔에 남은 소주를 따른다

독수천국
— 상록객잔

 변방으로 숨어들어 뭉툭한 손톱으로 어미의 길을 걷기로 했다 이곳은 갈 데 없는 자들이 모인 다리 밑 같은 곳 승자만이 칭송받는 곳 그러나 본색은 숨길 수 없어 손톱이 길어지고 날카로운 이빨이 돋아나는 밤이면 묵은 원한으로 온몸이 아팠다 상록객잔을 차린 뒤 완벽한 위장을 위해 하찮은 목숨들의 뒤나 봐주는 사이 점점 몸 구석구석에서 뿔이 돋기 시작했다 객잔은 언제나 전쟁터처럼 냉담과 냉소가 흐르고 시정잡배들마저도 협객처럼 검을 휘둘렀다 쓸개 빠진 졸개들의 담즙을 덤덤히 씹으며 향기로운 미인계의 독으로 무자비하게 옭아 뭉개야 했다 치맛폭으로 그들의 얼굴을 덮쳐야 했다 본래 기가 약한 남편은 곧 목숨을 다했지만 아이들은 야생 속에서도 선인장처럼 자랐다 애들아! 어미는 곧 원수를 찾아 떠난다 너희는 독사처럼 살아가거라 돌보지 않은 어미를 원망하고 그 분노의 힘으로 이 세상을 살아가거라 적들로 가득한 세상은 호시탐탐 이 어미를 노리고 너희들은 아직 어리기만 하구나

취권
— 상록객잔

 만취한 여인이 보름밤 대결을 청했다 네온이 하나 둘 꺼지는 어둠 속에서 검을 뽑았다

 풀싹 폴싹 날아올라 맥주 소주병 불판 연통 유리창들을 베어댄다 베어지는 것들은 모두 그녀의 칼춤에 질식, 비명소리도 없다

 꼬부라진 혀 뒤틀린 폭언의 독침이 튄다 독침이 정확히 정수리의 사혈로 날아온다 화분의 행운목 둥치가 뽑힌다 선 채 부르르 히야시 물병의 얼음물을 뒤집어쓴다

 벽 사이 머리를 처박고 사시나무가 되었던 나는 소주를 병째 나발 불고 가운데로 나와 맞선다 '이제 고마 해라 엉?'
 시뻘겋게 달은 불집게를 입에 문 듯 이십이 공탄 최대 화력 소리를 터트린다

대결
— 상록객잔

평화로운 상가의 질서를 파괴하는 자들이 나타났다 전매에 능한 잡졸이 나타났다는 비보였다 고급 세단 몇 대 굽실거리는 관원들

들도 보도 못한 법조항이 달린 무기를 휘두르며 적들은 위풍당당했다 하루 먹고 하루 사는 일에 매달린 객잔의 객주들은 속수무책에 후퇴를 거듭할 뿐 객주의 등 뒤로 골수가 빠져나가는 장면을 찍겠다고 약팀의 골문을 지키는 지역 기자들 몇 서성댈 뿐

이제 우리 상가의 희망은 몇 년 전 강호를 등진 상록검객뿐이다 그의 간섭이 싫다고 몰아낸 주제에 이 무슨 바람일까 만은 경기침체 앞에서 염치는 핑계일 뿐 봇짐을 꾸려 그를 찾아 나선다 화랑저수지에서 낚싯대를 드리우는 걸 보았다고도 하고 촛불들이 모여드는 광장 광화문에서 노점을 펼치고 있다고도 한다

최후의 저지선을 먹자골목 주차 방지 턱에 구축한 동료 객주들은 이제 제 몸을 기둥에 묶고 자해를 무기로 견디고 있다

봄이 여름으로 가지 못하고 머뭇머뭇 그러다가 꽃 함부로 던져 사방에 꽃 매다는데 사람들은 무심히 오간다 시국은 금세 지워지고 말 것이다 경기회복의 철퇴를 휘두르며 상록검객 우리의 그는 과연 모습을 내줄 것인가

안부
— 상록객잔

꽃들이 벙글거리는 봄날에
햇볕이 꽃숭어리를 쓰다듬어 주고 있는 오후에
개미들이 떼를 지어
에움길을 바글바글 메우고 있습니다
어떻게 하여 저 많은 병졸들이
셀 수 없이 다 모였는지
그 짧은 다리로
서로들 앞서거니 뒤서거니 야단입니다
행여나 눈먼 내 발걸음이 밟을 세라
사이사이 조심히 걷고 있는데
어느 도장에서 왔는지 알 수 없는
검은 구두 검객이 제 길만을 열겠다고
개미무사들을 꾹 꾹 짓이기는 게 아니겠습니까
꼼지락거리는 모든 검은색들이 화들짝 놀라더군요
개미무사들이 길바닥에 거뭇거뭇 터져 있을 때
햇볕에 등을 내밀고 바람과 장난치던 꽃들의
휘둥그레진 눈이 파르르 떱니다

이제 막 움터 오르는 어린잎들도
태연히 걸어가는 구두 검객 때문에 오한에 들더군요.

가끔은 그래요
집밖을 나선 자식을 기다리는 마음처럼
곡주의 알코올 순도에 젖어
 객잔을 나서며 싱긋 웃어주던 단골무사들의 발길이 뜸해지면
 칼날을 갈던 내 손이 멈칫 안부를 묻는답니다

피알
— 상록객잔

상록성인나이트클럽 웨이터
막내는 이제 빠질 좆이 없다

탈부착식이라도 되는지
프로메테우스의 간처럼 자고 나면 생기는 건지
그는 밤마다 인근 주점에 피알을 돌면서
좆 빠지게 열심히 부킹해 주겠다고
잘생긴 얼굴이 실린 명함을 내민다

묘기를 발휘하며
하룻저녁에 몇 명이나 부킹해 주는지는 몰라도
수입이 젤로 좋다는 오동통한 얼굴색을 보면
간에 쓸개까지 온몸 조아리며 오그라지는
내시들 아랫도리처럼
정말 빠지고 없으면 어쩔거나 생각이 드는데

팔짱 끼고 다니는 여친이 엄연히 있는 걸 보면

하루에 수백 번씩 좆 빠지는 권법을 써도
좆 그게 쉽게 빠지진 않나 보다

청문회에 천연덕스럽게 나오는 저 얼굴들도
속으론 좆, 얼마나 많이 빠졌을까
피할 건 피하고 알릴 건 알린다는
피알, 피알 권법.

굽쇼!
— 상록객잔

45도로 허리 굽히고
탱탱한 오줌통 괄약근을 조이며
부글거리는 배 싸매 쥐고
호흡 가다듬고 공손한 목소리로
'굽쇼!'
가래침 여기저기 뱉어 놓으시고 눈 부라리셔도
'굽쇼!'
화장지 코풀어 식탁 여기저기 쌓아놓으시고
서비스가 뭐 이따위야, 젊은이에게도
네, 네, '굽쇼!'
혀 꼬부라지신 소리로 야! 야! 삿대질 하시어도
네, 네, '굽쇼!'
커다란 손이 느끼한 미소로 엉덩이를 툭 치시어도
버르장머리 없는 제 엉덩이를 용서해 주시 '굽쇼!'
술 한 잔 따르라시며 잔 들이대시는 손에게
아 네, 집에 계신 사모님을 모셔 오시지 '굽쇼~!'
흩뿌린 지폐를 이녘이 주워라 '굽쇼?'

금연 스티카 밑에서 굳이 담배를 태우시려 '굽쇼!'
폭언은 막차 태워 보내드리시 '굽쇼!'
차버린 식탁과 뒹구는 기물 사진 찍어 간 관청나리로부터는
사건이 종결되었다는 문자만 오 '굽쇼!'
내 멱살 대롱대롱 잡힐 때,
삼십육계 줄행랑친 직원 배시시 들어서는 얼굴이 예쁘 '굽쇼!'
월세 밀려 주인나리로부터 독촉 전화가 온 날에는
이놈의 가게 확 처닫아 버릴까 흰소리도 터트리 '굽쇼!'
일년 삼백 육십오일 객잔거리 밤마다
멱살 잡힌 외줄타기 마녀의 끝나지 않는 쇼 '굽쇼'

제2부
하루가 하루로 하루를

04시 30분의 테이블에는 재떨이가 있다

손톱만 한 달이 지구를 돌고 있는 동안 바람이 오가고
불어터진 라면 줄기, 타액을 삼킨 목구멍,
갈라터진 손가락 사이로
이빨에 찍혀 꼬부라진 니코틴

재떨이에 코를 박고
술 취한 여자 바짓가랑이 사이로 오줌을 흘린다
살얼음에 베여버린 오한의 비탈길이
오줌으로 모여 비틀비틀 그녀 밖을 흐른다
라푼젤의 긴 머리처럼 검게 늘어진
깊은 밤의 샛강에서
침이 끈적하게 남아 있는 꽁초를 찾아 물고
육신을 자명종처럼 떨고 있다

어둠의
경계와 경계가 알콜의 순도에 녹아내리는 몸

마주보던 심장과 심장이 깨진 유리조각이 되고
긴 행렬의 헤드라이트 아래 굴러다니는 깡통
백지에 그어진 갈퀴 자국에 겹친 혈흔
사랑의 냄새를 킁킁거리는
한줄기 체온의 쾌감
생의 버림받은 괄약

하루가 하루로 하루를

하루가 하루 속에 있다
하루가 종일 걸음 속에 있다
하루가 액자 속에 있다
하루하루의 연속은 언제나 하루이고
하루의 꼭지점에서 또 다른 하루의 꼭지점으로
또 하루가 온다
수많은 하루가 다 하루이고
하루를 보내도 또 하루일 뿐
하루를 걷는다
도로를 지나 골목을 지나
할인매장을 지나 담배가게를 지나
화장실을 지나 싱크대를 지나
비탈길을 지나 빙판을 지나
물 건너 자갈밭 건너 진흙밭 넘어
하루가 뱅뱅 돈다
키 큰 나뭇가지 끝에 매달린 이파리 몇 장
하루를 버틸 것인가 말 것인가

하루가 가지와 몇 장 이파리 사이에 있다
하루가 매달린 잎과 떨어질 잎 사이에 있다
하루는 눈 코가 없고
하루는 언제나 하루의 줄달음이고
하루는 언제나 하루의 종종걸음이고
하루는 수십만 번 째깍거리는 계단이고

밤이 긴 혀를 늘어뜨리고 있다가 언제나 먼저 하루와 만난다

어머니 피다

 봄이면 새로운 어머니들이 피어나듯이 봄볕소리 피어나 귀청을 울린다

 여름날의 붉은 장미가 저만치 빛을 끌어들인다 꽃송이 사이에 민들레 씨앗 하나가 잠들어 있다 잠 깨면 또 어디로 떠나야 할지 잊어버린 채

 어머니가 전해 주던 말 속에 수만 갈래의 길이 있었음을 알겠다 언제나 그 길들은 내 눈에서 눈물자국으로만 번져 있고 민들레 씨앗 하나 내 가슴에 뒹굴고 있다 눈먼 어머니, 민들레 씨앗은 바람에 떠밀려 날아가면 다시는 돌아오지 않아요

 늦봄 햇볕 아래 민들레 씨앗들이 도로 귀퉁이에서 우르르 뭉쳐 재잘거리고 있다

25시 편의점 사내

사내가 불룩 나온 배를 끌어안고 있다
희끗한 유리벽 안에 붙박인 그의 배는 만선이다
오이도 옆 똥섬처럼 불룩한 배
노도를 삼키고 소화되지 않은 듯하다
어쩌면 시누대 서걱이는 바람까지 채워
똥섬 모양 부풀었는지 모를 일이지만
그의 뱃속을 가로지르는 어두운 갱도 속엔
굴삭기 지나가는 소리
지하에서 용솟음치길 기다리는 물줄기
또 이글거리며 용암을 태우는 화마들 있어
동굴 어디쯤에 발원한 독가스가 터질지 모를 일이다
오르막과 내리막 사이
25시 편의점 카운터에 앉아 금고통을 열었다 닫았다
아이스크림을 두 개째 핥아 먹으며
정박 중인 만선의 판매대를 둘러본다
잡식의 배를 싸안고 끄윽거린다

꽃핀

 막다른 골목의 모서리 돌며 꽃핀이 간다 검정 스타킹 빨간 반바지 얼룩덜룩한 배낭을 메고 간다 꽃핀의 출현에 유흥 골목 홍등 불빛이 색다르게 번진다 매일 똑같은 골목길을 두리번 헤매 도는 꽃핀 걸음걸음 위에 피는 꽃핀을 다 뽑아 제 머리에다 한 다발 꽂고 가는 꽃핀

 공동화장실 거울 속으로 들어간 배가 불거져 있다 네온 불빛들은 어느 밤이 뱃속 아기의 아빠인지 서로 수군대지만 어둠은 아무 관심도 없다 두리번거리기는 하지만 어느 누구에게도 웃음 보이지 않는 꽃핀 불러오는 배를 앞세우고 어둠에 잠겼다 홍등빛 아래 나타났다를 되풀이할 뿐

 어떤 오지 않을 뒷모습이 밤안개 너머로 줄달음친다 만삭의 배가 고개를 쭉 내밀고 길을 바라본다 밤이 어둠의 꺼풀을 벗기려 안간힘을 쓴다 꽃핀은 아빠일 것만 같은 수백 개 밤을 헤맸다 꽃핀은 정신 나간 그녀, 그녀에게 지난여름 일어났던 일을 알고 있다

프로메테우스의 퇴근

 매일매일 간을 꺼내어 도마에 올려놓고 썬다 간 쓸개가 빠져나간 몸 휘청거리는 눈 밖으로 술꾼들이 흘러들어온다

 매일매일 열댓 개 화덕에서 피고 있는 연탄불 검고 뜨거운 새는 훨훨 타오르는 날개 퍼드덕거리며 내 간을 쫀다

 잘 달아오른 불 젓가락 쥔 손들이 바짝 덤벼든다 남의 살이란 살은 단박 지글지글 구워진다 시끄러운 말의 화력까지 더해서, 무르익어가는 시퍼런 헛바닥

 낯선 공단의 황량한 종점 버스는 나를 깨워 바람 속에 떨궜다 썰리고 쪼아진 간을 그러모아 내일을 위해 퇴근하는 이른 아침녘, 지나친 정류장을 거슬러 까무러지는 잠을 데리고 다시 집을 향한다 한숨 자고 말갛게 씻긴 해가 거짓말같이 창에 와 쏟아지면 다시 오늘의 출근은 식당 문 활짝 열고 되살아난 간을 먹기 좋게 쓱쓱 썰어 내기 시작할 것이다

서더리탕

 달빛이 흔들리는 새벽 고양이 한 마리 골목 쓰레기더미를 넘나든다 가스레인지 위 서더리탕이 끓고 고양이 눈빛은 거품처럼 부글거린다 찢어진 쓰레기봉투 헛바닥처럼 서더리탕은 등뼈를 들썩이고 우럭대가리 흐무러진 눈알 치켜뜬다 벌어진 쓰레기봉투 사이 얼굴을 디밀고 꼬리를 바짝 감춘 고양이

 새벽 어둑한 안개 속 삼삼오오 모여들어 인력차를 기다리는 작업복들 피곤이 가시지 않은 연장가방이 하품을 하다가 뒤척인다 하품하는 속의 이빨이 희다 작업복들의 하나가 눈곱을 대롱거리고 있다 새벽길 어둠이 아직도 게으르게 머뭇거리고 있다 흙먼지 풀썩대는 인력차 속에 몸을 구겨넣는 잡부들의 콧김엔 비린 서더리탕 냄새가 난다 밤새 골목을 뒤지던 고양이는 어디론가 스며들고

 이른 아침 보도블록이 발짝 소리로 끓고 있다 달려가는 사람들과 달려오는 사람들로 들썩거리는 환승역 앞길 가

스레인지 위 서더리탕이 뭉게구름을 끌어올린다 하루를
시작하는 사람들과 철야의 점포를 닫고 하루를 마감하는
사람들의 경계에서

무릉도원
— 신발

저벅저벅 자갈밭 길 신발만 바삐 간다
신발 속엔 발이 없다
다리도 물론, 몸통 머리통도 없다
신발은 저를 구기며 앞만 보고 간다
멀리 아지랑이 피는 들판, 앞은
꽃빛 강물이 가로막고 있다
훤히 보이는 저 풀잎 저 포근한 들판
꽃비늘 찰랑거리는 수면
신발은 이내 젖어들고
없는 발, 없는 몸통
없는 머리통이 수면을 밟아 나간다
무릉으로 가는 푸른 길 언제나 잠긴 채 태연했다
젖은 신발 질척이지만 자갈을 꼭꼭 밟고 간다
자주자주 건너뛰며 길을 끌어당겨 보는데
무릉은 검은 고무밴드처럼 늘어나기만 한다
구멍 나고 더러워진 신발 속에서 바람이 든
발이 차가워지고 있다

거실 창 앞에서 맨발로 우두커니 신발을 따라가던
어떤 어스름한 우두커니가 와 흠칫한다
꽃비늘 노는 저편 푸른 길의
깊은 유리벽, 강물로 뛰어드는 것을

찹쌀떡과 망개떡 사이

 찹쌀~떠억 망개~떠억에는 두음과 비음이 있다 찹과 망을 외칠 때는 어리광 부리듯 비음의 중저음으로 숨을 내뱉고 쌀과 개는 고개를 한껏 치키며 정수리까지 올린 음을 내지르듯 하고 각각의 떡은 다시 비음으로 꺾어 버린다

 물위를 헤엄쳐 가는 오리 비음 한입 먹이로 쪼고 고개 치켜올려 두음으로 먹이를 삼키려는 꼴이 역시 꼭 오리의 몸매

 뒤뚱거리는 걸음은 느릿하지만, 열심히 썰룩이는 궁뎅이는 역시 오리 궁뎅이 가로등 불빛에 반짝 드러났다가 꺼져간다

 어둠 속은 잠잠하다 사람들은 모두 술에 절여졌거나 떠드는 소리에 지쳐 있다 찹쌀떡 장사의 높은 목청이 골목 골목 떡을 켜 들어도 창문만 바람에 덜컹거릴 뿐
 〉

밤의 골목은 동아줄처럼 길게 늘어져 있다. 간간이 지나가는 바람에 망개잎으로 싼 찹쌀떡 몇 개 펼쳐 보였지만 하릴없는 눈발만 하나 둘 내려앉기 시작한다

하늘 한번 보고 땅 한번 보는 계절의 반복 사이 한 번도 그를 불러 찰지고 달콤한 복떡이 쌓인 나무가방 열게 한 이 없고 골목을 맴맴 도는 오리 열심히 뒤뚱거리는 오리 걸음만 있는

오아시스는 어디인가

그녀의 키가 반토막인 것은
사래기 쌀로만 지은 밥을 고집스레 먹었다는
어느 조상 탓이라고도 하고
어릴 적 다리를 옭아맸기 때문이라고도 한다

주간지를 한 아름 끌어안고 그녀가 걸어온다
걸머진 배낭이 땅에 끌릴 듯하다
아장거리는 걸음으로 주점의 손님들 옆에 다가와 선다
주간지 안은 팔에 힘이 들어가 있지만
물끄러미 힘없이 바닥만 내려다보는 그녀의
입은 열린 적이 없다

주간지 표지 속 여자가 대신 호객을 한다
  쭉 뻗은 다리와 잘록한 허리 터져나오는 가슴을 들이밀고
  촉촉하고 섹시한 입술로 사람들에게 미소 흘린다
  날개 달고 훨훨 팔려 갈 것 같은 표지 속 여자, 그녀의

주간지

  살 것처럼 술손님들은 실컷 눈요기만 해잡숫고

  주간지를 아기처럼 껴안고
  돌아서는 굳게 다문 입의 뒷그림자
  술꾼들 질펀한 웃음소리에 반토막이 더 반토막이 된다
  벚꽃 가로수
  어둠을 배경으로 더 투명한 벚꽃잎의 길
  그 아래로 점점 잠겨 멀어지는 그녀
  달빛이 그녀의 뒤를 높지도 낮지도 않게 따라간다

  그녀의 반토막 키가 긴 그림자가 되어 걸어간다

지하도에서

걷고 있으나 걸음이 가야 하는 곳은 없다
정지된 발걸음에서 뿌리를 내리고 있다
바들거리며 내딛는 발짝마다 조금씩 다른 세상이 있긴 했으나

무거움에서 가벼움으로
나는 자유로움으로

지하상가의 불빛들 반들거리는 눈동자들

전동차가 채운 것들을 토하고 또 한바탕 들이켰는지
습관처럼 고관절 덜컹거리는 소리

무거운 가방을 메고 오늘이라는 험지를
걸어 뚜벅뚜벅 바쁘게 가는 행인들

깊어가는 밤의 입속으로 종일 몸이 삼킨 잡식의 말 밀

어 넣고

  지하의 한 칸 창변에서 없는 꿈에라도 기대어서 귀가
하고 있다

  지하도 끝나지 않은 지하도

  시장기의 얼굴들
  얼룩불빛을 입은 종종걸음들

  롱부츠가 포켓에 손을 넣고 걸어가는 옆으로
  제자리걸음 뼈정다리 굳은 발걸음이
  식기를 들고 간다

  지하와 지하를 뱅글거리며 지하에서
  한 생을 열심히 걷고 있으나
  그의 걸음은 아직도 지하에만 맴돌고 있다

제3부
펄럭이던 치마가 잠들 때까지

가장

 가장 낮다는 말과 가장 높다는 말, 가장이라는 높은 꼭 지점과 낮은 꼭지점은 어디쯤일까 지상에서 가장 높은 것이 있다면 지하에서 지구의 중심을 지나 반대편의 지상으로 통과해 나온다면 우주를 차고 올라 해가 뜨지 않는 곳에 다다른다면 가장이란 말이 하나의 단어로 어울려지는 것일까

 가장이라는 말 뒤에 따라오는 나비처럼 날개를 접고 살금살금 다가오는 가장은 스스로 부속어가 된다 가을볕 아래 볏단을 나르시던 어머니 힘든 것은 다 어머니 몫인 줄 알았다 몸살기가 왔다 매일 일의 길을 오르내리는 사람은 그 익숙한 길이 몸을 다 채우고 있어 몸살길 같은 낯선 길은 들어오지 못한다는 어머님 말씀 가녀린 내 몸은 어머니만큼 굳건한 길을 들이지 못했나 보다 몸살을 앓아야 했다

 가장이 해야 할 일 몸이 먼저 알고 뒤척인다 밀린 대출

금 이자가 빈 통장에서 떨고 있을 때 마이너스 생활고를 감내하다 객사한 잊혀진 가장의 죽음에 동병상련 눈을 붉히다 묵지근한 불면을 이리저리 추스른다

  가장, 아릿하고 쓸쓸한 말, 가장 낮게 기도하듯 빙벽을 딛는 질긴 말 조심스러운 말 문살 틈으로 새드는 한겨울 칼바람을 홀로 막아야 하는 삶의 무게를 느끼며 어머니가 져 나르던 볏단의 무게는 내가 짐작할 만한 무게였는지, 가장, 가장이 홀로,

펄럭이던 치마가 잠들 때까지

 어릴 적 꿈들은 치마 속에서 자랐다 12가지 색 무지개가 뜨기도 했다 개구쟁이 손들이 그 꿈을 들쳐보기 위해 아이스케키를 외쳤지만 코 묻은 손의 아이스케키는 결코 내 치맛자락에 매달린 또랑또랑한 빛방울들은 꺾지 못했다

 불거진 젖멍울을 에워싸고 꿈이 때늦은 초경처럼 익어갔다 훌쩍 자란 키는 서둘러 바람막이가 되어야 했다 한 가계를 품어 안아야 했던 치마가 마구 펄럭였다

 치마 속의 정지된 꿈들 아주 떨어지지 않고 매달려 있다 멀리서 마파람 소리 들려온다 어부들이 부르는 전설바다의 노래가 내 목소리를 타고 흐른다 계속 흥얼거린다

 어미돌고래가 새끼와 함께 망망대해 유영하는데 아이가 울먹인다 왜 우느냐 묻지 않고 대신 꿈 한 봉지 '허니통통'을 안겨 준다 아이가 꽃동산처럼 웃는다
 〉

덜컹거리는 도로 위 치마 짓이기며 바퀴가 굴러간다
술 취한 남자가 손가락질하다가 껄껄 웃다가 어린 아이
들이 반항과 저항의 짧은 팔매질을 던져도 치마는 질질
끌려간다

 찢어진 치마가 바람 부는 허공에서 날과 밤을 펄럭인다

외삼촌

매미처럼 각진 스포츠머리

한밤중 파고다공원을 지나다 듣는 매미 소리, 검은 나뭇가지 속이 궁금하다 가로등 빛이 한낮이라 잠도 잊었는가

나무의 잎들 질러대는 맴맴 소리에 절여졌는지 기진해 있다

사랑의 냄새 물씬 풍기는 늙은 남녀의 그림자가 공원 벤치마다 부풀어 있다

누이 여섯을 두고 일곱째로 태어났다 스물여섯 짧은 생을 시름시름 앓다가 갔다 구애의 열 한번 앓지 못하고 구애의 목청 한번 돋우지 못하고

희미한 불빛 아래 둘러앉은 그 밤 가족들이 목울음을 삼킬 때 어린 내 손을 잡고 건네는 잘 크거래이…… 외삼

촌의 마지막 인사 그 목소리 그 각인의 잘 크거래이…

 잘 크지 못한 내 키 내 인생은 이날까지 흔들리고 채이기만 하니 나무 꼭대기 저 높은 곳에 올라 앉아 한밤중을 당차게 질러대는 매미…… 스포츠머리 외삼촌의 전생을 모은 목청…

 잘 크거래이, 잘 크거래이 잘잘자ㄹㄹㄹ……

백설기

밥 끓는 소리 넘치는 저녁, 봉창 위에 얹힌
빈 밥그릇 하나가 서러워 비가 온다
딸 여섯에 아들 하나 둔 할머니, 스물여섯 그 아들 잃고
하늘을 쳐다보며 하늘만 올려다보며
그곳도 비가 오느냐고
밥은 잘 먹고 있느냐고
고것 살다 갈 것을 왜 왔느냐고

할머니가 백설기를 쪄낸다
구름을 버무려 시루에 담고 솥에 앉힌다
밀가루 반죽으로 솥과 시루의 틈새를 막고
숨이 차오를 때까지
괄게 타는 장작불로 구름의 숨이 차오를 때까지
백년도 더 넘게 살기를
소반 위에 외손자의 생일을 얹고
백설기와 미역국을 제물로 바치며
먹고 자고 먹고 자고

할머니는 외손자의 무병장수를 빌었다

파란 하늘 밥상 위에 잘 차려진 구름 백설기
외손자가 얻어맞고 들어 온 날, 화가 되었는지
뇌출혈로 육십사 세의 일생을 마친 할머니
기일 맞아 당신 드시라고 차린 구름 백설기
손바닥에 아들 도장 찍고, 아들 만나러 떠도시느라
백설기 한 쪽 드시지 못하시나
외손자는 지금도 먹고 자고 먹고 자고 바람개비처럼 잘
도 도는데

나를 휘젓는다

눈앞이 캄캄했다
치마 끝을 잡고 있던 아이를 시장 한가운데서 잃었다

은행 문 나서며 지갑을 열자 어둠만 튕겨 나온다
등 구부려 땅바닥 휘둘러도 카드가 없다

허둥대는 걸음
다급하게 달려도 제자리걸음

지갑 깊은 곳에서 곤히 잠자던 카드
몸에 날개가 달렸을까

유흥의 네온불빛 아래, 여린 스타킹 뜯기며
술 취한 배의 먹이가 되면 어떡하나

상점을 기웃대는 허욕에 난처해하지는 않을까
밤이 가까워 오는 시간

어디선가 울고 있을 딸아이 초조해지는 촉각의 떨림
생각을 더듬으며 되돌아가도 그림자도 없다

먼 이국의 화려한 사치를 꿈꾸었나
사라져 갈 숫자들이 어지럽게 머리 위를 돈다

양버즘나무 가지 끝 방향 표시 없이 구르는 낙엽을 밟고 가는 아이
 너른 길 아장거리며 멀어져 가는 엄마 찾는 울음

녹음된 입출기의 음성이 현재를 일깨워준다
카드기에 꽂혀 환하게 웃고 있다

화들짝 들어선 지구대 긴 의자 위
양버즘나무 같은 눈물자국의 얼굴을 안았다

꼭대기부터 색이 바래가는 나무처럼
건망증이 나를 휘젓는다

사과꽃 아이들

사과나무 가지 사이 햇살이 꽃망울 터트린다
사과꽃잎이 노을과 장난칠 때
동네 아이들 얼굴에도 사과꽃망울이 팔랑거린다
풍선 같은 오월의 풋 햇살이 둥실 가지에 걸리면
사과 맛에 침이 돌고 유월의 햇살은 꽃잎 진 자리마다
사과 풍선을 익힌다

사과가 익는 동안 아이들은
자치기놀이로 웃음꽃을 피우고
위천수 냇물은 느린 몸짓으로 아이들을 품는다
맨살 바람이 내를 건너 물속 피라미와 놀면
아이들은 조약돌을 집어 물수제비 띄운다
늙은 사과나무 베어진 둥치에도 새순이 돋고
부푼 사춘기의 젖망울이 블라우스 위로 도드라지면
초경의 자궁 속에도 사과가 익는다

적과로 솎아낸 사과가 장맛비 흙속에 묻힐 때쯤

원두막 빈 방엔 사과 향기가 풋풋하고
달빛이 와장창 쏟아지는 밤이면
사과 서리에 치마폭이 열리기도 한다

사과꽃 피는 계절
갈비뼈 드러난 늙은 바람이 낙과를 굴린다
흩어진 사과꽃 아이들이 노을 속에 들어가 있다
불도저가 조금씩 과수원을 갉아먹으러 온다

양말 한 짝

 햇살이 가득 오후의 방안에서 졸고 있다
 햇살이 따사롭게 온몸을 감싸 안은 시간 나른한 손길이 깊은 기억 속으로 끌고 간다

 너는 언제나 방관자였다 고집불통이었다 외진 길을 즐겨 걸었고 야행성이었다

 오래된 상자 속에서 생전에 네가 신었던 양말 한 짝이 나온다 이미 탈골한 네 발 냄새가 배어있는 빨지 않은 양말 한 짝엔 걷다 만 너의 발이 담겨 있다 먼지 자국 푸석한 그 양말을 신고 다녔을 길들이 울컥 다가온다 벗어 놓은 양말일지라도 가던 길을 마저 가야 한다는 듯 꽃 지는 응달 속에서 웅크리고 있었나

 낭떠러지 외진 길을 돌아 돌다가 거미줄 잔뜩 두른 어린아이의 몸에서 너는 길을 잃어버린다 우는 아이의 입에선 거미가 새끼를 깐다

〉

　끈질기던 아픔도 내다 버리는 습관이 필요한가 너는 어디에도 없지만 여전히 오래된 상자 안에 있다 건강한 두 발로 버티고 서서 나를 바라보듯 네가 신었던 양말에 담긴 흔적이 뚜벅뚜벅 나에게로 걸어 나오듯 한동안 잊고 있었던 너의 애살스럽던 말들이 오랜 시간이 흐른 뒤 다시 깨어나듯

극기

 웃음이 풍선처럼 부풀던 여학교 여선생님은 커다랗게 '극기' 라고 썼다 극기로 배란기를 지켜라

 새벽이 희미한 빛을 앞세우고 밤을 물리러 올 때 상점은 지하의 어둠 속처럼 꾸벅거리고, 허기진 목구멍 거미줄엔 벌써 이슬이 맺히기 시작하며 잠자리 날개의 포식을 기다린다

 상점이 끙끙거리며 진땀을 흘린다 환기구 코 훌쩍거리는 것 같은 모터 소리는 여전한데 모든 연기는 사라졌다 새벽 거리 간간히 인적처럼 꽁초만 밟혀 일그러져 있고, 희미한 전등 불빛은 깨어진 술잔을 꿰매고 있다 상점 문은 굳게 닫혀져 녹을 흘리고 있다 일손들은 하품을 하거나 책상 위의 책들처럼 널브러져 있다 가스레인지 위의 솥들은 더는 불맛을 보지 못해 얼음장으로 굳고 있다

 언젠가 달이 내리는 두레박으로 호황을 퍼올리겠다던

뻥튀기의 뻥은 빗속 어디쯤에 축축이 젖어 있을까 인적 드문 길을 걷듯 멀거니 적막한 새벽 파장의 시간에 서서 허물어지려는 극기를 다그쳐 세운다

춘천 닭갈비 속엔 춘천이 없다

춘천 닭갈비 속엔 춘천이 없네
춘천은 봄이 아름답다는데
닭갈비는 가을 노을처럼 뻘겋기만 하네
봄 시냇가에서 춘천 닭갈비를 먹네
땀은 흥건히 머리와 겨드랑이 속까지 맺히는데
가을 햇살처럼 따사로이
씨암탉이 익어가고 있네

소양호엔 조각상이 된 소양강 처녀가 있네
춘천을 다 덮칠 것 같은 사나운 노도를 숨기고 있는 소양호를
노 젓듯 치맛자락 날려 토닥이고 있네
사공이 젓는 나룻배 대신 유람선을 내려다보고 있네

닭갈비 앞엔 춘천이 있네
닭들의 날갯짓은 보이지 않네
땅을 헤집으며 주린 배를 채우던 닭들의 발톱이

소양호 얼굴에 생채기는 내지 않네
호수 언저리마다 닭장처럼 붙어 있는 닭갈비집들을
닭갈비 앞에 붙은 춘천이 연신 키우고 있네

춘천과 닭갈비는 한통속이네
닭갈비에는 갈비가 없네
불판 위에서 닭 한 마리 퍼득거리네
소양호 주변에 몰려오는 인산인해
오늘 춘천 닭갈비엔 더 날개가 돋는 것 같네

나비와 꽃

종횡무진 내달리던 걸음이 멈췄다
저잣거리를 한걸음에 건너뛰던 발바닥 굳은살에서
뿌리가 돋기 시작한다
몸이 근질거린다
관절 마디마디마다 돋아나는 연푸른 촉들
땅속 깊숙이 빨아올리는 어둠의 수분이 달다
햇살은 자꾸만 봉오리를 허공으로 끌어내
닫힌 혈맥들이 불긋불긋 꽃송이를 띄운다
나비 한 마리 꽃방에 들고파 꽃 파고든다
오월의 햇살 아래
봄날은 뭉실거리고
꽃과 맺어지고도 날개 너풀거리며 쑥스러워하는 나비
꽃과 나비가 마주하고 웃는 나날
이 땅을 움켜쥔 축축한 인연의 뿌리
잔뿌리들 키우며 천둥바람을 맞는 유정 깊어 가는데

어느 날 날개를 펼치고 떠나는 나비

날아가는 나비를 목청 높여 부르지 못하는
꽃, 발밑에서 돋기 시작한 몸부림이 사방으로 뻗으며
꽃아! 꽃아! 비명의 소리
바람벽 먼 곳으로 날아간 나비 뱃머리에 앉아 있고

미안해 사랑해

화랑유원지 옆 농작물 실습지는 해바라기 군락지였다가
밀밭이었다가 해맑은 구름의 놀이터이기도 했는데
오늘은 대형 애드벌룬에
'미안해' '사랑해' 란 두 말
커다란 꽃송이로 피워 날리고 있다

넘어졌다가 일어섰다가 뒤척이며
더 사랑하지 못해 미안한 사랑과
사랑을 위해 사랑하는 두 송이 꽃이
애드벌룬 밧줄을 따라 뿌리를 내리고 있다

한여름 후끈한 열기에 축 늘어진 애드벌룬
사랑해와 미안해를 힘겹게 들어올리고
간간히 미안해는 사랑해의 농염한 몽오리 앞에
풀꽃의 목소리로 소곤거린다
미안해의 연한 소곤거림이 들릴 것도 같아
귀 기울이다 잠이 들었는데

〉

꿈속에서 미안해의 부릅뜬 눈이 펄럭, 깃발로 삿대질 한다
미안해에 무관심하다고 웃어라 웃어라 윽박지른다
실실 웃음 흘리는 붉은 페인트 입술을 내밀다 눈을 떴는데
사랑해가 펄럭펄럭 미안해에게 앵돌아져 있다

멀리서 빛 뿌리던 햇살이 사랑해의 품속에 숨어들고
건너 아파트 검은 유리창들에게로
사랑해에 숨어든 햇살의 잔물결 번져간다
유원지 넓은 마당에
미안해와 사랑해의 미소 군락이 번지고 있다

쑥을 사다

어린 쑥을 사는데 주머니 속 전화가 울린다
나보다 먼저 전화가 쑥 냄새를 맡은 것 같다

쑥이 걸어 온 전화를 받는다

내 속에서 끓고 있는 쑥국 한 그릇 내민다

채워도 채워지지 않는 빈 속
깨어진 장독의 허기진 뱃속에 쑥을 심는다
그의 얼굴에 쑥물이 밴다

잠든 방문마다 냄비 긁는 소리만 곤두선다
강한 번식력으로 땅속을 헤집고 다니던
뿌리는 늘 행진하는 방향이 모호했다
전화가 발신돼 올 때마다
굶주린 아이의 눈처럼 끔뻑거렸다

모난 돌부리를 비집고 쑥이 다시 돋아나고
질긴 쑥 줄기엔 매듭만 도드라진다
식탁 위 빈 국그릇엔 먼지만 고이다
쑥국은 빛바랜 기억으로 동이 나고
어느 사이 피어 있는 곰팡이꽃

멱살을 쥐어 잡고 쏴한 쑥향을 뱉어내다 보면
검은 비닐봉지에 싸인 쑥이 떨고 있다
뿌리를 떠난 쑥이 물 끓는 소리 듣고 있다
식탁 위에 떠도는 후루룩 소리로 빈속을 돌아보면
말라 엉킨 뭉치, 향이라곤 없는 내 속의 쑥 뿌리들
냄비 가득 끓고 있는 쑥국

깊은 잠

문 뒤편에서 어둠이 술렁거렸을 것이다
사흘 동안 생라면만 쪼개 먹었다는 아이들은
허기에 지쳐 길고 깊은 어느 해협 빈 그릇 속에 누워 있
는 양
축 늘어진 팔베개를 하고
괭이갈매기처럼 보채기도 했을 것이다
배고픈 시간 차마 먼 길 떠나지 못한 한 줄기 빛이
칭얼거리는 아이들을 팔걸이하며 토닥거리고
막내에겐 공갈 젖도 물렸을 것이다

여자는 사흘 만에 발견되었다
맨 처음 주검을 발견한 옆집 여인은
며칠째 여자가 보이지 않고
계속되는 이상한 냄새에 문을 열어 보았다고
썩어가는 주검 옆에 세 아이는 장난치며 있고
방안에는 소주병과 쓰레기가 가득했다고
놀라 소리치는 여인에게 세 아이는 쉿

엄마가 자고 있으니 조용히 해 달라고

죽을 각오로 열심히 살아 보라는 말에 이를 악물었을 것이다
관 속 같은 어둠을 안고
울음소리 크게 내지르지도 못했을 것이다
걸음을 잡아당기는 등짐을 지고
억새풀 맨손으로 꺾으며 아래로 아래로
꺾어지는 고개 다시 치킬 수 없었을 것이다

굳게 닫힌 문 열고 다시 들여다본다
방 한 켠, 주검으로
누워 있던 여자가 부시시 일어나
여러 날 차려 주지 못한 세 아이 밥상을 차리고 있다
가난한 밥상 그래도 따뜻한 김 오르고
머리맡에 널브러져 주검을 덧씌운 소주병 세워져
밖의 어스름 빗줄기가 눈물줄기인 듯 내리고 있다

열기구

열난다
열기구가 열을 낸다
열기구가 내 안에서 활활 타오르고 있다

몸이 땀으로 범벅되어도 바람 한 점 오지 않는다
 짙은 그늘 속마저 캡슐처럼 팽창된 열기로 더욱 후끈거
린다

열이 열기구를 데우고 있다

사방이 꽉 막힌 밀실에서
표정 없는 얼굴들이 열에 익고 있다
익어가는 몸뚱이들을 익히기 위해, 달아오른 열 앞에서
비곗덩어리 몸이 땀으로 헤엄치고 있다
제 할일은 그것뿐이라는 듯

냉기구가 열을 견디지 못해 들썩거린다

냉방병에 걸려 입원해 있는 사람에게
얼마나 많은 땀이 말라 있는 거냐고 묻고 싶은데

천직이 몸을 굴려야 먹고사는 사람들은
흠씬 땀을 흘리고 나야 시원함을 느낀단다
강바람과 산바람이 몸 안에서 불어온다고 한다

나무 잎사귀 햇빛에 데어 질식한 한나절
부풀어 오르는 물집을 긁적거린다
숨 쉬는 가슴들엔 불덩어리 하나씩 타오르고 있다

태양의 불씨를 앙다물고 퀴퀴한 짐더미 속에서 웅크리고 있는
고양이는
열을 삭히고 있는 중일까

열기구는 열을 내기 위해 있으므로

들끓는 열기구에 밀알도 익을 수 있다면
열은 열끼리 통하겠다

열기구가 나를 품고 있다
열기구가 열을 낸다

나 열난다

제4부
어디에 가더라도

이삿짐

 벽의 울음소리를 듣는다 햇빛 한 줄의 바스락거림도 스미지 않던 설움 낡고 냄새나는 수많은 날들

 벽지는 꽃들이 내던 온기 증발된 지 오래고 자국만 허옇고 벽 속에서 돋아나던 예민한 떨림들

 커튼 사이로 비쳐든 빛줄기 하나를 움켜잡고 벽지에 앉은 꽃들 겨드랑이에 혹여라도 날개가 돋기를 소망한 날들

 지붕을 박차고 사라진 새처럼 낡은 세간들이 구차한 살림을 박차고 사라지지 않게 꽁꽁 싸맨다

 장롱 속에 숨겨져 있는 겹겹의 슬픔이 오히려 본 살림이라 흘러 떨어지지 않도록 질끈 졸라맨다

 버리지 않고 거두어 주어 고맙다는 듯 짐짝들이 면구해 하면서도 의연히 차례차례 사다리차에 오른다

〉

 억지로 소풍가듯 이사 트럭에 올라앉아 한식경을 침묵하는 이삿짐

 손 없는 날의 웃돈을 지불해가며 터줏대감이 주는 운수대길에 등재한다

 옛 발자국들은 재건축 건물 쓰레기더미 속에 묻힐 것이다 굶주린 길고양이 무너지는 건물 사이에서 앙상하게 웅크리고 있을 것이다

박하향

가까운 사람에게서 나는 친근하고 싸아한 향
코를 간질이며 가슴이 애렸어

양지바른 담벼락에 앉아 박하향 킁킁킁
어떤 계절이 숨어 있는지 도무지 계절을 눈치 채지 못
했어

거대한 태풍 거대한 폭우
가뭄 혹한 계절이 휘몰아 주는 역사
길이 턱턱 끊기는 생몰의 역사

외진 숲길 햇빛에 가려진 채
배배 꼬인 잎의 향기를 머리에 꽂고

거리를 지나치는 수많은 사람들
미미하게 꼼지락거리는 나
들판에 홀로 선 길 찾을 수 없는 두려움으로

〉

 억지로 소풍가듯 이사 트럭에 올라앉아 한식경을 침묵하는 이삿짐

 손 없는 날의 웃돈을 지불해가며 터줏대감이 주는 운수대길에 등재한다

 옛 발자국들은 재건축 건물 쓰레기더미 속에 묻힐 것이다 굶주린 길고양이 무너지는 건물 사이에서 앙상하게 웅크리고 있을 것이다

박하향

가까운 사람에게서 나는 친근하고 싸아한 향
코를 간질이며 가슴이 애렸어

양지바른 담벼락에 앉아 박하향 킁킁킁
어떤 계절이 숨어 있는지 도무지 계절을 눈치 채지 못했어

거대한 태풍 거대한 폭우
가뭄 혹한 계절이 휘몰아 주는 역사
길이 턱턱 끊기는 생몰의 역사

외진 숲길 햇빛에 가려진 채
배배 꼬인 잎의 향기를 머리에 꽂고

거리를 지나치는 수많은 사람들
미미하게 꼼지락거리는 나
들판에 홀로 선 길 찾을 수 없는 두려움으로

고개 숙이고 두 손 모았지
눈자위가 젖어 부풀어 올랐지

먼 하늘에서 종소리 가슴을 울리는 것 같았지
그러나 방언과 은혜의 주기도문 더 이상 들리지 않았어

꽃비가 내리고
내공의 손바닥 위에 앉아도
비워야 채워진다는 설법은 도대체 와 닿지를 않는데

마당 귀퉁이 나른한 한낮의 프리즘을 펼치며
작두날을 세우고 소지를 띄우는 일 그것도
별에게 오색 날개 붙여 보려는 기원의 한 형식일 터

박하향처럼 콧잔등이 찡하도록 성심으로
두 손 모아 오늘을 솟구치고 싶었던 정수리에
찬 밤안개만 애살스럽게 몰려와 앉았어

콩새

눈 온 들녘 콩새가 뛴다
눈 녹아 질척한 자리 이삭 찾아
희끗한 들녘 콩새가 뛴다
스카이 콩콩 노는 아이들처럼
겨울바람 아랑곳없다
살얼음 밭 아랑곳없다
눈밭에 발자국 꼭꼭 찍으며 간다
이랑과 이랑 사이 두리번거리며
이삭 얻지 못해도 찌징찌징찌지징 간다
배 주려도 작은 깃털 바람에 폴싹이며
얼음 들녘 콩새는 뛴다

성에 낀 카페 유리창 안
장작불 타는 난롯가 테이블에서
갓 내린 커피 냄새 알 턱이 없는 콩새
콩알보다도 더 작을 심장의 콩닥거림이
해질녘 들판을 가만히 밟고 온다

정지한 작은 몸에 역광이 드는데
노을이 살얼음 빛처럼 얹히고 있다

얼어붙은 거리, 보도블록 동전바구니 앞에 놓고
아이 안은 여자가 굽실굽실 이마를 찍어댄다

늦장마

팔월, 비 젖은 샐비어의 꽃입술이 싱그럽다
팔월 늦은 비의 말을 귀담아 듣는 꽃잎
넘치는 붉은빛 옆으로
말귀 어두운 하룻강아지 한 마리
빗속을 쫄랑거린다
빗물의 무게에 고개 숙인 꽃잎
쪼르르 횡단보도를 지르는 강아지
젖은 어깨 흠칫
카페 창가에 앉은 그녀
거울을 꺼내 얼굴을 토닥인다
비는 맨발로 횡단보도를 계속 건너오고
신호등 놓치지 않고 지켜보는 그녀
커피 잔 든 손이 앙상한 꽃대 같다
너도밤나무 숲을 헤매던 바람은
어디쯤 오고 있는 것일까
흐느끼는 듯 바뀌는 카페의 선율
팔월의 햇살이 층층이 쌓이면

그녀의 가슴에 다시 피어날지도 모를 샐비어
미터기처럼 쌓여가는 붉은 시간을 재며
손가락 꺾기 다시 풀었다 꺾기를 하는 그녀
샐비어 꽃잎 속 벌의 일침
밤사이 간직해 둔 꽃잎의 단맛
단맛이 든 몸을 꼬을 즈음
초록 신호 켜졌는데 비만 우르르르
늦장마처럼 늦게라도 오지 않고
너도밤나무 숲같이 헤매던 바람은

쫄랑쫄랑 간다

가쁜 숨이, 걸음이, 심장이, 눈물이, 오후 나절,
할딱할딱 간다
쫄랑쫄랑 간다
주인 잃은 말티스 한 마리 간다
옆도 보지 않고
얼룩강아지가 바짝 따라가도 그냥 간다
앞만 보며 나아가는 말티스 걸음 따라 가지 못하고
얼룩강아지는 건널목을 건너 아주 사라진다

몸이 눈이 어떤 방향의 끝을 헤맨다
차들만 쌩쌩 달린다
검은 아스팔트 차가운 살얼음 차도를 건넌다
잠깐 주춤거리는 말티스
차들은 횡하니 말티스 옆을 달린다
말티스도 간다
구두도 안경도 바지도
그 모든 군상 아랑곳없다는 듯

간다 간다 뛰어 간다
가도 가도 기다란 길 이 무슨 길을
작은 발 작은 걸음이 쫄랑쫄랑 기계처럼

뽑힌 자리엔 허공이

나무가 빠져나간 흙구덩이
물 마른 잔뿌리들 너덜거리고
흙은 힘없이 푸석푸석하다

나무를 내어주고 홀로 된 구덩이
깊었던 온 뿌리까지 깨끗이 파내
제법 크게 뚫린 구덩이

나무 나가고 뿌리 나가고 흙 나가니
허공이 들어 왔네
한 허공 제대로 마련했는지
바람이 들고 햇살이 든다

힘없이 푸석하던 흙 다시 반죽하고
실하지 않은 잔뿌리들 또 살찌울 수 있어도
가지 내고 우듬지 키워 푸른 잎 매달 수 있어도

홀로 구덩이 오히려 단단해지는 구멍
꽉 찬 허공의 새 살림터
뽑힌 자리의 구멍에 비로소 나를 심는다

맑음 또는 흐림

어떤 날은 맑음 어떤 날은 갬이라고 일기에 쓴다
우산을 들고 외출한 날은 맑음이었다
사랑은 언제나 둘이어서 경합을 치렀고 둘 다 놓쳤다

꽃나무를 여러 그루 사러 갔다
내가 찾는 꽃나무는 그날따라 동이 났고
눈에 띄는 걸로 몇 그루 샀다
구름 위에 작대기를 좍좍 긋는 날이 많았다

유월의 짙은 향기 속에 분분히 날고 싶었다
잠깐 동안의 설렘이 한평생을 후회케 하더라
우연히 산 줄장미가 담장을 에워싸더라는
그 사람의 말 생각난다
오늘은 후두둑 비가 오는 날

일기를 쓰는 손끝이 바들거린다
다시, 동그라미 밖으로 점선을 찍는다 맑음

비 오는 하늘에 해를 그린다
덩달아 동그라미가 수없이 겹쳐진다
장미꽃 봉오리의 겹처럼

유리문 사이에 두고

새 달력을 벽에 건다

헌 날들이 가고 새 날이 온다

대지 위에 꼬물거리는 개미들처럼 일상은 산란되고

유리벽을 사이에 두고 서로 손을 맞대는

연인들

목소리는 유리 밖에서 아련히

맞댄 손과 손으로 흐른 체온이

반사하는 빛, 다만 유리문 사이

새 달력과 헌 달력 사이 망년과 새해의 타종소리

낀 얼굴들

결코, 깨어지지 않는 강화 유리를 긁는다

초생달

오늘밤엔 달도 쪽박이다

내 허리춤에 대롱거리는 떨치려야 떨칠 수 없는
낡은 쪽박이 저 달에 매달려 있다

흥부의 톱날도 아닌 놀부의 톱날도 아닌
지천명의 톱날이 내 배를 톱질한다
탯줄이 목을 옭아매면서부터 쪽박바라기가 되었다

거친 숨결을 들이키며 새벽바람을 가로지른다
호주머니에서 쪽박들이 달그락거린다

뻗어 있는 길목마다 달무리가 꿈틀거린다

채워지기를 바라는 쪽박이
상현달을 키우고
달빛이 놀던 지붕 위에 둥근 박도 익힌다

이슬의 무게

꽃이 운다
아니, 웃고 있다
꽃은 제가 꽃인 줄 모르고
꽃술 가득 이슬을 머금는다
별이 섞여 내리기도 했을까
축축히 물기를 맺은 몸

운다
아니, 웃는다
꽃인 줄 모르는 꽃이므로

저기, 한 여자

새벽바람과 맞선 한 여자
거친 남성의 몸이 되어 버린 것 같은 한 여자
유성이 떨어지며 그었던 흔적의
그 무슨 실뿌리라도 붙잡은 것일까

세탁통만 한 쌀가마니만 한 보따리 보따리짐을
이슬 머리에 이고 간다

어디에 가더라도

회색벽 틈 사이로 노을이 익어가는 늦은 오후
하루를 마감하고 또는 시작하는 때
생고기구이 불판 가로 사람들이 둘러앉는다
서둘러 고기를 불판 위에 얹는 손들 사이로
민들레 씨앗 뭉텅이 화덕 모서리에 모여 와 있는 것 보인다
조용히 열기 가라앉힌 불판은 모른 척 시침 떼고
건너 이슬 맺고 있는 푸른 나무 잎사귀가 살랑대는 사이
비가 다가오고 있다 아마 나무가 비를 몰고 오는지 모른다
나무는 먼지투성이 제 몸을 비에 뒤척이는 것으로 되지만
화덕 모서리
민들레 씨앗이 빗물에 떠밀려 가야 할지도 모른다는 것에 대해선
나무도 민들레 씨앗 자신도 생각할 턱이 없다
바람의 등에 실려 고려장 가는 옛 노인처럼

세탁통만 한 쌀가마니만 한 보따리 보따리짐을
이슬 머리에 이고 간다

어디에 가더라도

회색벽 틈 사이로 노을이 익어가는 늦은 오후
하루를 마감하고 또는 시작하는 때
생고기구이 불판 가로 사람들이 둘러앉는다
서둘러 고기를 불판 위에 얹는 손들 사이로
민들레 씨앗 뭉텅이 화덕 모서리에 모여 와 있는 것 보인다
조용히 열기 가라앉힌 불판은 모른 척 시침 떼고
건너 이슬 맺고 있는 푸른 나무 잎사귀가 살랑대는 사이
비가 다가오고 있다 아마 나무가 비를 몰고 오는지 모른다
나무는 먼지투성이 제 몸을 비에 뒤척이는 것으로 되지만
화덕 모서리
민들레 씨앗이 빗물에 떠밀려 가야 할지도 모른다는 것에 대해선
나무도 민들레 씨앗 자신도 생각할 턱이 없다
바람의 등에 실려 고려장 가는 옛 노인처럼

하얗게 센 머리로 굴러가다가
과녁 바깥에 꽂혀 부르르 떠는 화살 같은 빗줄기에
둥둥 떠가게 될 것을
먼지 한 톨이라도 제 갈 길은 정해져 있다는 듯
오도카니 앉아 있는 저 씨앗 뭉텅이
불 속에라도 들어 뿌리를 내리겠다는 것인지
건너 키 큰 나무 이슬 바람에 잔가지 흔든다

민들레 씨앗이 바람에 밀려 또 떠나간다
몸 닿으면 그곳이 뿌리 내릴 내 집인데
빈속을 채우려 바쁘게 오르내리는 젓가락 사이로
꽃가루 냄새를 품은 빗물이 길을 내며 간다

해설

'상록객잔' 여주인의 황홀한 검광

호병탁(시인 · 문학평론가)

1.

작품에 대한 전기적 접근법의 문제점 중 하나는 작품평가를 도덕적 평가로 대체하려는 경향이다. "나쁜 나무가 좋은 열매를 맺을 수 없다."는 성서의 한 대목처럼 이 전기적 방법을 취하는 비평가는 부지불식간에 작가와 작품과의 관계를 '나무와 열매'로 파악하려 한다. 그리고 이런 논법에 의해 작품까지 작가의 사적 · 공적 생활과 연결되어 배척당하는 것을 우리는 자주 목도해왔다. 그러나 이처럼 작가의 도덕적 순결을 기준으로 작품을 판단한다면 도스토예프스키 같은 수많은 병적 천재들의 작품이 추방될 것이고 그 결과 세계문학은 얼마나 빈핍하게 될 것인가. 실상 창작행위는 일상적 자아와는 거리를 둔 내부 심층에서 발현된다는 것을 고려할 때 표면적 개인사에 대한 지나친 의존은 바람직하지 못하다. 그리고 이런 생각은 현대형식주의자들의 공통적인 견해다.

그러나 작품 속에서 작가의 모습을 완전히 배제한다는 것은 불가능하다. 몰개성의 지향도 특수한 양식으로 존재하는 하나의 개성이다. 문학의 가장 큰 관심 중의 하나는 '인간'이 될 것이고 한 인간으로 존재하는 작가의 개인사와 그가 만든 작품의 상호조명은 결코 탕진될 수 없는 비평가의 연구과제가 된다. 특히 전기적 사실의 적정한 고려는 작품 이해에 명확성을 제공할 뿐 아니라 작가 이해의 준거가 될 수 있다.

우선 시집의 작품을 보며 논의를 계속하자.

> 당신과 이 도시에 처음 들어왔을 때
> 이곳은 아침의 안산이라 불렸다
>
> 당신이 우리 곁을 떠나고
> 한숨도 사치라 저자거리로 나섰다
> 잠든 아이들의 방문을 밖으로 잠그고
> 식당 테이블 화덕마다 연탄불을 피우고

돼지의 뱃살고기를 난도질했다
쉴 틈 없이 핏대를 올리는 팔뚝
식도를 쥔, 힘줄을 퉁겨내는 악다구니의 나날

상록의 여린 잎은 지옥에서 말라 가는가
날밤을 새며 식칼검술을 익히고
어질머리로 돌아와 잠을 청해야 하는 아침녘
새끼들이 자명종처럼 울었다

석쇠 위에서 그을려지는 기억들
아침의 안산, 후미진 이곳에도
상록수역이라는 싱그러운 이름을 달고 전철이 들어섰다
지독한 독작의 냄새로 막차를 타고 와
붉은 얼굴로 첫차에 실려 일 나가던 당신

세월은 생살을 발라내고
식은 계란탕을 불 위에 얹는다
활활 타는 연탄불
사그라지는 연탄불
재가 되는 연탄불

아침 햇살이 내린다

상록수역의 늘 푸른 나무들은 금빛을 입고

어디로 가려는지 어느새 금빛을 입고

　　　　　　　　—「상록수역 -상록객잔」 전문

  안산, 상록수역 근처에서 남편도 없이 음식점을 하며 자식들을 키우는 한 여인의 신산한 삶이 여실히 드러나고 있다. 나는 시인에 관해 아는 바가 전혀 없다. 그럼에도 시인이 사는 곳, 직업, 현재 처한 정황 등을 위 문장처럼 한 마디로 요약할 수 있다. 그만큼 작품은 시인의 개인사와 직결되어 있다. 앞으로 보겠지만 자신이 직접 연탄불에 돼지고기를 굽고, 수많은 강호의 무사들을 겪지 않았다면 도저히 상상도 할 수 없는 정황들이 작품집 전체에 걸쳐 생생하게 망라된다. 그리고 이런 정황과 함께 이에 대한 시인의 태도, 심리, 정서적 패턴들도 다양하게 기술된다. 이런 사실은 이 작품집을 매우 특이한 것으로 가름하게 한다. 나는 신단향의 시편들처럼 한 인간의 전기적 사실이 직접적으로, 구체적으로, 또한 반복적으로 작품집 내내 견지되고 있는 것을 본 일이 없다. 이 시집의 가장 큰 특징의 하나라고 말할 수 있을 것이다. 작품에 대한 전기적 접근법을 언급하며 이 글의 서두를 시작한 것은 바로 이런 연유에서이다.

작품은 화자가 자신이 사는 곳을 소개하며 시작된다. 즉 "당신과 이 도시에 처음 들어왔을 때" 도시는 "아침의 안산"이라고 불렸다. 참 멋진 이름이다. '안산(安山)' 하면 의미상으로나 발음상으로나 참 '편안'하다. 그런 곳의 '아침'이라면 정말 안온하고 산뜻할 것이란 느낌이 든다.

이후 화자는 계속 이 도시에 살고 있다. 그러나 '편안한' 이름과는 달리 화자의 일상은 '편안한' 것과는 거리가 멀었다. "막차를" 타고 와 "첫차"를 타고 "일 나가던" 남편은 떠나고 말았다. 혼자 아이들을 키우며 생계를 꾸려야했던 화자는 식당 문을 열고 돼지고기를 '난도질' 하고 연탄불에 구우며 일해야 했다. 어지러운 머리로 돌아와 잠을 청하는 아침녘에는 "새끼들이 자명종처럼 울었다." 그야말로 "힘줄을 퉁겨내는 악다구니의 나날"을 보냈던 것이다.

"석쇠 위에서 그을려지는 기억들" 속의 "아침의 안산"에도 "상록수역이라는 싱그러운 이름을 달고" 전철이 들어섰다. 실제로 이 역은 심훈의 소설 『상록수』에서 명명된 수도권 전철 4호선 역으로 안산의 상록구에 위치하고 있다. 문학 작품명을 최초로 사용한 역으로 정말 화자 말대로 "싱그러운 이름"이 아닐 수 없다. 물론 '상록수'는 소나무나 대나무처럼 사철 내내 잎이 푸른 나무를 의미한다.

그런데 이 "상록수역의 늘 푸른 나무들"이 "어느새 금빛"의 옷을 입고 있다. 강한 아이러니가 발생한다. 상록수는 다른 색의 잎으로 변할 수 없다. 그러나 금빛으로 변하는 '낙엽수'들이 현실적으로 상록수역에 얼마든지 존재할 수 있다. 이미 '편안'을 의미하는 안산이란 도시는 화자에게 '편안'한 곳이 아니었다. 아름다운 '아침 안산'의 "아침 햇살"도 실제로는 가파른 삶을 나타내는 '아침 연탄재' 위에 내리고 있었던 것이다. 패러독스가 번쩍이는 멋진 결미다.

2.

우리는 앞에서 '식도를 쥔 팔뚝'을 쉬지 않고 움직이며 살아야 하는 시인의 고된 개인사의 일단을 보았다. 이를 좀 더 구체화시키는 시집의 작품도 내쳐 읽어보자.

상록객잔을 기웃대는 무사들은 주인인 나를 보고 마녀라고도 하고 여우라고도 한다 객잔의 문턱을 넘는 무사들에게 마녀 아닌 마녀 두 새끼의 어미 된 홀어미 마녀가 사랑 없이 어찌 넘치는 잔을 건넬 수 있겠는가 어미의 정과 연인의 사랑으로 무사들의 호주머니 속 엽전을 노리니 마녀답게, 철저히 마녀로서, 무사들의 배는 우선 채워줘야 한다 후후훗!

무사들에게 머리 조아리며 치명적 미소를 선사하며 호주머니에 든 엽전의 무게를 다시 가늠한다 주정부리지 않고 세전 깔끔히 내고 점잖게 객잔의 문턱을 넘어갈지를 노려보는 짐짓, 야성의 집착으로 꼬리를 꽉 물어주고 싶은 것 빗자루에 걸터앉아 기울어진 잔의 각도를 보면 무사의 가슴속 잔이 얼마나 비워지고 채워지고 하는지는 알고도 남는 터 무사들에게 너무 밀착한 온정을 베푼다고 질투하지 마라 어미처럼 연인처럼 사랑이 교란되는 마녀의 본성을 여우라 하지 마라 너희들 무사들의 입맛이 편식된 탓이므로 마녀든 여우든 객잔의 문전이 무사의 발길로 성시가 이루어지길 바랄 뿐이니

— 「마녀론 -상록객잔」 전문

우선 우리는 시인이 술과 음식을 팔며 생을 영위하는 장소의 명칭이 '상록객잔'임을 유념할 필요가 있다. 이곳은 여러 사건이 일어나는 공간적 배경으로 시적 화자의 행동과 성격에 결정적 힘을 미치는 곳이다. '객잔(客棧)'은 원래 중국의 숙박 시설을 일컫는 말로 나그네가 쉬어가던 우리의 '주막'과도 유사한 곳이다. 우리가 흔히 '중국음식'을 사먹는 곳으로 생각하는 '반점'은 도심의 호텔을 말하는 것으로 주로 지방의 뜨내기 길손이 머무는 허름한 객잔과는 한참 다르다. 한편 이곳은 '용문객잔' 같은 무협영화

에서 접했던 익숙한 장소이기도 하다.

시인은 객잔의 주인인 자신을 "두 새끼의 어미 된 홀어미 마녀"라고 밝힌다. '홀어미'라는 말에서 그녀가 남편을 여위었다는 사실을, '두 새끼'라는 말에서 그녀가 돌보는 자식이 둘이라는 것이 밝혀진다. 이어 객잔을 무대로 자신의 특성들을 내보여줌으로 개인사는 심화되고 구체화한다.

그녀는 "무사들의 호주머니 속 엽전을" 노리는 노련한 '마녀'다. 또한 "치명적 미소"를 지닌 성적 매력에 넘치는 마녀이기도 하다. "주정부리지 않고 세전 깔끔히 내고 점잖게 객잔의 문턱을 넘어갈지" 노려보는 프로정신이 충일한 장사꾼이도 하고, 마녀답게 "빗자루에 걸터앉아 기울어진 잔의 각도를" 보기만 해도 "무사의 가슴속 잔이 얼마나 비워지고 채워지고 하는지" 알아내는 능력자이기도 하다. '가슴속 잔'은 바로 '가슴속 마음'이 될 터이니 말이다. 그녀는 무사들에게 "어미처럼 연인처럼" 교차되는 사랑을 베푼다. 화자의 주장에 의하면 때로는 성스런 사랑을, 때로는 속된 사랑을 하는 것이 바로 "마녀의 본성"이기 때문이다. 화자인 그녀는 자신이 마녀가 됐든 여우가 됐든 여하튼 "객잔의 문전이 무사의 발길로 성시가 이루어지길 바랄 뿐"이라는 솔직한 발화로 시를 마감한다. 영화 속 객잔의 여주인 장만옥처럼 아주 매력적이고 거침없는 캐릭터다.

우리는 이 작품에서 시인이 자신의 거짓 없는 삶의 모습을 있는 그대로 보여주고 있음을 안다. 문학작품의 강한 호소력과 감동은 이런 진실성의 제시에서 온다. 삶의 진실이 참으로 잘 드러나고 있다는 감탄은 바로 이런 작품에 대한 독자의 흔한 감동적 반응이다. 이때 진실성의 척도는 우선 작품의 내용이 작가의 경험적 사실과 일치하는가에 있을 것이다.

거시적으로 볼 때 문학은 허구의 세계이고 독자도 이를 잘 인지하고 있다. 그러나 그 허구의 세계 속에서도 경험적 사실과의 불일치가 발견되면 거부감을 갖는다. '찔레꽃 붉게 피는 남쪽나라 내 고향'은 유행가는 될지 몰라도 절대 문학작품이 될 수 없다. 우리의 경험적 사실로는 찔레꽃은 하얀색이기 때문이다. 독자들은 의외로 진실에 대한 요구가 완강하다. 우리는 이제 시인이 '어디'에서 '무엇을' 하며 '어떻게' 사는지 정확히 안다. 이는 시인이 자신의 경험적 사실, 즉 자신의 개인사와 일치되는 글을 쓰고 있기 때문이다. 이 작품의 진실성은 바로 여기에서 기인하고 따라서 작품도 큰 호소력을 발휘하게 되는 것이다.

또 하나의 진실성의 척도는 '일관성'이다. 나는 앞에서 직접적 경험이 없다면 도저히 쓸 수 없는 여러 정황들이 시집 전체에 묘사되고 있다고 말했다. 그런데 이런 정황들은 작품전체의 맥락 속에서 재확인되기도 하고 또한 어떤 저

항도 없이 수용되는 일관성을 가지고 있다. 한 예로 "당신이 우리 곁을 떠나고"라는 말로는 그가 떠났다는 사실은 알지만 어떻게 떠났는지는 모른다. 막차 타고 와 첫차 타고 "일터로 가던 당신"(「상록수역」)이란 말도 그가 열심히 일했다는 사실은 인지되지만 이혼을 한 것인지, 먼 나라로 떠난 것인지, 혹은 죽은 것인지 알 수 없다. '당신의 떠남'은 "두 새끼의 어미 된 홀어미"(「마녀론-상록객잔」)란 말에서 좀 더 구체화 된다. 그러나 화자가 혼자 산다는 것은 확실하지만 아직은 그가 어떻게 된 것인지 확정적인 것은 아니다. 그러나 "기가 약한 남편은 곧 목숨을 다했지만 아이들은 야생 속에서도 선인장처럼 자랐다"(「독수천국」)라는 말은 결정적이다. 당신, 즉 남편은 죽은 것이다. '당신의 떠남'은 세 개의 시편에서 '일관성의 진실'로 심화되고 구체화 되고 있다. 우리는 시인이 진실을 제시하고 있음을 확신하게 된다. 당연히 이런 사실은 작품이 지속적 호소력을 갖는 원천 기능으로 작동한다. 외에도 일관성의 예는 수두룩하다. 확실한 것은 시인이 제대로 진실을 제시하고 있다는 점이고 이는 시집의 또 다른 특장이 되고 있다는 점이다.

3.

객잔에서 벌어진 세 개의 구체적 사건이 한 편의 시로 형상화된 작품이 있다. 이번 시집의 특징을 종합해서 보여주는 작품이라 할 수 있다.

솜털이 보송하게 돋은 키 작은 소년 하나가 나를 스쳐간다 의자에 앉아 살점과 알곡을 게걸스럽게 먹는다 아이는 엄마가 먼저 가서 먹고 있으라 했으니 금방 올 거라 했다 잘 먹는 아이의 머리를 쓰다듬어 주고 싶었으나 아이의 머리카락이 쭈뼛해져 신기의 극약이라도 내뿜을까 멈칫거렸다 '애야! 너의 손이 내 가슴의 가마솥에서 끓고 있는 내 아이의 손을 닮았구나!' '애야! 네가 살덩이를 질경이는 송곳니는 가마솥에 불을 지피고 있는 내 어미의 것과 흡사하구나! 너의 여린 이빨이 고기를 질경일 때 네 삶의 길은 늠름한 협객의 모습으로 열려있다' 슬며시 부른 배를 지탱하고 일어서서 화장실을 간다는 아이의 뒷덜미를 바라보며 '애야, 네 어미는 화장실에서 여지껏 혼밥이라도 먹고 있다는 거니?' 가만가만 뒷모습을 남긴 아이는 필마를 타고 별빛 속을 내달리고 있었다

언제나 술이 얼큰해지면 중년의 그 검객은 불란서 상송

이라며 알아듣지 못하는 발음으로 흥얼거린다 마녀의 귀는 상처 난 LP판처럼 끽끽거리는 그런 발음에 익숙하지 않다 죽은 아내는 한 소절만을 되돌려 부르는 그 노래를 함께 불러 줄까? 그녀의 십팔번이 중년 검객의 눈동자 속에서 강물처럼 흐르면 마녀는 급기야 심술을 일으킨다 긴 손톱으로 그의 얼굴을 할퀴며 긴 혀로 그의 목을 조인다 검객의 흘쩍거리던 눈빛이 마력의 향기에 흐느적이며 웃는다 먹어라 마셔라 함께 먹고 돼지기로 아내의 몫까지 즐겁게 주독에 빠진다

 누나! 나랑 함께 살아 줄거? 언제나 술에 절여져 있는 한기봉 무사가 사십이 훌쩍 넘어도 장가를 못 갔다 딱한 마음에 권주가를 불러주는 마녀에게 청혼을 한다 권주가의 음정 박자는 청천벽력의 소리에 노랫가락을 끊어버렸다 손톱의 날이 단도 날처럼 긴장한다 넓은 등에 기대어 잠들어 본 적이 있었던가 없었던가 마녀가 정인을 두면 마력의 힘이 허물어진다 하였거늘, 두근거리는 마음이 징소리를…

―「잔영들 - 상록객잔」 부분

 화자는 "나의 객잔을 스쳐 지나간 수많은 무사들"을 회억하며 위의 글을 쓰고 있다. 지금도 객잔의 문은 열려있다. 화자에게 "객잔은 언제나 무사들이 들어 한잔 걸치고

제 세월의 흥망을 풀던 곳"이었다. 위 글은 세편의 에피소드로 구성되어 있다. 앞서도 언급한 객잔에서 벌어진 수많은 정황 중의 일부다.

첫 번째 이야기는 사건의 시작과 진행, 그리고 그 결과가 완벽하게 구성된 짧은 소설을 읽는 느낌이다. "키 작은 소년 하나가" 객잔에 들어와 "엄마가 먼저 가서 먹고 있으라 했"다며 음식을 "게걸스럽게 먹는다" 아이는 먹고 나서 슬며시 화장실에 간다고 일어서더니 "필마를 타고 별빛 속을 내달리고" 만다. 아이는 화자를 속이고 도망가고 만 것이다. 노련한 마녀인 객잔 여주인이 과연 속은 것인가. 여주인은 아이가 "고기를 질겅일 때" 장래의 "늠름한 협객의 모습"을 보고 있다. 그녀는 연민의 정으로 속아 준 것이다. 의외로 따뜻한 마녀의 인간적인 모습이 다가온다.

다음은 중년 검객 이야기로 그는 불란서 샹송을 "알아듣지 못하는 발음으로", 그것도 "한 소절만을 되풀이" 흥얼거린다. 죽은 아내와 즐겨 불렀던 노래인 모양이다. 마녀는 심술이 난다. 질투라도 난 것인가. 손톱으로 "얼굴을 할퀴며" 혀로 "목을 조인다" 검객은 "마력의 향기에 흐느적이며 웃는다" 마녀는 그와 먹고 마시고 "뒈지기로" 한다. "아내의 몫까지 즐겁게" 해주기로 한다. 마녀의 또 다른 인간적인 모습을 본다.

"누나!"라고 부르는 것이 이번에는 연하의 검객이다.

"사십이 훌쩍 넘어도 장가를 못"간 무사가 딱해 "권주가를 불러주는 마녀에게" 같이 살자고 "청혼을 한다" 놀란 마녀는 "노랫가락을 끊어"버리고 긴장한다. 언제 "넓은 등에 기대어 잠들어" 보았던가. "마녀가 정인을 두면 마력의 힘이" 없어진다지만 그래도 가슴이 두근거린다. 정에 약해지는 여인의 모습이다.

우리는 인용 시에서 프로정신이 충일한 마녀지만 공밥 먹고 달아나야하는 아이에 대한 연민, 홀아비를 "아내의 몫까지 즐겁게" 해주고자 하는 걱정, 노총각 무사의 청혼에 가슴 두근거리는 순정을 목도한다. 거짓 없는 한 인간의 태도와 삶의 모습이 진솔하게 표현되고 있는 것이다.

4.

위 시에서도 보는 것처럼 『상록마녀』의 큰 특징 중의 하나는 무협과 관련된 어휘들이 종횡무진 견인되고 있다는 점이다. 시제만 일별해도 「독수무정」, 「단향보검」, 「취권」, 「대결」 등 마치 무협소설의 각 장 소제목 같은 말이 즐비하다. 물론 내용에는 무사, 협객, 검객들과 그들의 무기인 장검, 단도, 쌍칼, 표창, 철퇴 등이 등장하고 이와 관련된 검술, 권법, 신공과 같은 어휘도 나타난다. 물론 고수도 있고 졸개도 있다. 관원이 있고 잡졸도 있다. 방주, 내시까지 등장하여 한몫 거든다. 특히 "객잔의 지붕 위에서 사막의 모래바람이 나의 치맛자락을 찢는다"(「금연구역」)와 같은 화자의 발화는 무협영화의 한 장면을 보는 것 같다.

실상 무사든 검객이든 모두가 '상록객잔'이란 주점을 찾는 손님들이다. 여러 무기들도 주점에서의 그들 태도나 분위기를 드러내기 위한 표상이고, 주점이 자리하는 '사막'과 같은 배경은 황량한 현대사회를 비유하는 말이 될 것이다. 그럼에도 어떤 특정 시대·사회의 특정 인물들이 사용하는 언어가 대거 동원되고 있다는 것은 특별히 주목되는 부분이다.

우리는 흔히 한 작품 내에서 익숙한 것을 '낯설게' 만들며 그 특징을 선명하게 부각시키는 비유에 주목한다. 또한 상식적이고 과학적인 인과관계를 일탈한 문장에도 주목한다. 서정주의 「동천」에서 하늘에 옮겨 심은 '고운 눈썹'은 매체개념만 나타난 '초승달'의 비유다. 또 둘 사이에는 어떤 인과관계도 없다. 그러나 이런 '소격효과'야말로 문학성의 요체라고 간주된다.

강조한 것처럼 신단향의 시편에는 무협과 관련된 어휘들이 대거 견인되고 있다. 그런데 등장하는 검객들은 우리와 다를 바 없는 '일상의 술집 손님들'의 비유다. "칼과 칼이 부딪혀 불똥이 번쩍이는"(「무모한 열정에 대하여」) 치열한 싸움도 주점 여주인과 검객 사이의 '빈번한 술잔의 부딪침'을 비유하는 것이다. 대단한 '낯설게 하기'다. 그런데 이런 무림의 어휘들은 의미의 연결고리를 갖고 다른 작품들에서도 계속 나타난다. 따라서 시집 전체가 생소화의 효과를 보여주는 특별한 경우가 되고 있다.

이처럼 '무사와 손님', '칼과 술잔' 같은 이질적인 것들의 당돌한 비유를 대개 생소화의 전범으로 보게 되지만 이것이 사회현상을 두고 이루어질 때도 있다. 이런 경우의 '낯설게 하기'는 통렬한 사회비판의 효과를 발휘한다. 물론 사회구성원인 자신에 대한 가책의 효과도 발휘한다.

개미무사들이 떼를 지어 "앞서거니 뒤서거니" 가고 있다. 평범한 일상의 모습이다. 화자는 "행여나 그것들을 밟을까봐" 조심해서 걷고 있는데 "어느 도장에서 왔는지 알 수 없는 검은 구두 검객" 하나가 그것들을 태연하게 "꾹 꾹 짓이기"며 걸어간다. 개미들이 놀라는 것은 물론 꽃과 어린잎들 까지 떨고 "오한에" 든다.(「안부」) 시인은 힘 있는 자의 사회적 횡포를 통렬히 비난하고 있는 것이다. 강자가 약자들의 고통을 외면하고 태연히 짓밟고 가는 게 현 세태가 아닌가.

상가에 "듣도 보도 못한 법조항이 달린 무기를 휘두르며" "전매에 능한 잡졸이 나타났다" "고급 세단"이 보이고 그 앞에 "굽실거리는 관원들"이 보인다. 하루 벌어 하루 먹고사는 "객잔의 객주들"은 속수무책으로 "후퇴를 거듭할 뿐"이다. "사람들은 무심히" 지나가고 객주의 '골수 빠지는 장면'이나 찍겠다고 "지역 기자들 몇 서성"대고 있다.(「대결」) 기가 막힌 정경이다. 상가 주인들은 대개가 세입자다. 하루살이도 바쁜 이들이 전문적인 '법조항'을 제대로 알 턱이 없다. 이번에는 가진 자의 횡포다. 가진 자는 더 갖겠다고 부동산 전문가를 데리고 "위풍당당" 상가에 쳐들어 온 것이다. 그리고 관원은 힘 있는 자에게 굽실거리게 마련이다. 시인은 정의롭지 못하고 부조리한 사회의 일면을 정확하게 보여주고 있다.

"사막의 모래바람이 객잔을 파고드는 날"이라면 장사가 안 돼 그야말로 파리 날리는 날이 될 것이다. 이런 날은 "모자란 요깃거리로" "졸개를 도마 위에 올려놓기도" 한다.(「졸개들」) 요기(療飢)는 시장기를 겨우 면할 정도로 먹는 것이다. 이런 요기를 위해 졸개 호주머니까지도 겨냥해야 하는 것이다. 민초의 남루가 여실히 느껴진다. 그런데 객잔은 원래 별 볼일 없는 놈들도 "협객처럼 검을 휘둘"러대는 곳이다. 이런 "쓸개 빠진 졸개들"은 "미인계의 요염한 독으로 무자비하게 옭아 뭉개"고 "단맛이 나는 치마폭으로 그들의 얼굴을 덮쳐 버려야" 한다.(「독수천국」) 살기 위해 여성의 단맛도 팔아야 하는 강퍅한 세상의 모습이 그대로 드러난다. 화자는 부도덕한 사회를 고발하고 있다. 동시에 그런 사회의 한 구성원인 자신도 고발하고 있는 것이다.

지금까지 구두검객에게 밟히는 개미무사, 부동산 업자에게 속수무책인 객주, 웃음을 팔아야 하는 주모의 현실을 봤다. 예사롭게만 여겨졌던 것들이 놀랍고 슬픈 낯설음으로 드러나고 있다. 이는 역사의식으로 무장한 신단향의 무협언어들에 의해 포착된 것이다. 인위적 소산을 자연스러운 것처럼 보이게 하는 것이 이념의 은폐작용이라면 시인의 '낯설게 하기'는 이를 폭로하고 그 기반을 흔드는 것이 될 것이다. 자신만의 독특한 언어로 시인은 이런 '사회현상의 생소화'를 구현함으로서 결코 정당화될 수 없고 용인될 수 없는 불평등 사회구조에 대한 올바른 인식을 촉구하고 있는 것이다.

5.

시어와 관련하여 흔히 갖는 오해 중의 하나가 시는 아름다운 언어로 구성된다는 점일 것 같다. 그러나 즐겁든 괴롭든 간에 시는 인간의 경험을 그 소재로 삼는 것이고 그 소재를 표현하기 위해서는 아름다운 어휘뿐만 아니라 상스런 어휘도 얼마든지 시어로 채용될 수 있다. '언어의 연금

술사'라고 일컫는 시인의 손길을 거치고 나면 아무리 점잖지 못한 말이라도 빛을 발하는 보석 같은 시어가 되는 것이다.

앞서의 인용 시를 다시 보자. 화자는 자신을 "두 새끼의 어미"라고 말한다. '두 자식의 어머니'라는 일상어의 속어다. '자식'은 아들과 딸의 총칭이지만 '새끼'는 난지 얼마 안 되는 어린 것을 말하기도 하고 '제 새끼 귀한 줄은 안다'처럼 속어가 되기도 하고 '빌어먹을 놈의 새끼'처럼 비어가 되기도 한다. 화자는 실제로 어린 자식 둘을 키우고 있다. 따라서 그가 말하는 새끼는 첫째와 둘째의 양쪽 의미를 함축하고 있다. '어미' 또한 새끼를 낳은 동물의 암컷을 뜻하기도 하지만 '친정 어미'처럼 어머니를 낮춰 부르는 정감 있는 말이기도 하다. 따라서 "두 새끼의 어미"는 스스로 자신을 낮추는 겸손의 말이 되는 것이며 동시에 어감으로나 의미로나 '두 자식의 어머니'보다 훨씬 감각적이고 구체적인 느낌을 준다. 그리하여 속어에 불과한 듯 보이는 이 말은 적확한 시어가 되어 제자리에 안착하고 있는 것이다.

외에도 이 시에서는 아이가 "게걸스럽게" '송곳이빨'로 "살덩이를 질겅"거리고 있다. 검객이 부르는 불란서 샹송의 발음은 "끽끽거리"고, 그것이 죽은 아내의 "십팔번"임을 안 마녀는 심술이나 손톱으로 "얼굴을 할퀴며" 혀로

"목을 조인다" 그리고 그녀는 함께 먹고 마시고 "뒈지기로" 작정하고 있다. 모두 점잖은 말과는 거리가 멀다. 그러나 동사 '질겅거리다'를 '씹다'로 '뒈지다'를 '사망하다'로 썼다면 감각적 심상도 격한 감정도 시들해졌을 것이다. 만약 '십팔번'을 '장기(長技)'라는 어휘로 바꿨을 경우를 생각해 보면 이는 확실하다.

> 상록성인나이트클럽 웨이터
> 막내는 이제 빠질 좆이 없다
> (…)
> 하루에 수백 번씩 좆 빠지는 권법을 써도
> 좆 그게 쉽게 빠지진 않나 보다
>
> 청문회에 천연덕스럽게 나오는 저 얼굴들도
> 속으론 좆, 얼마나 많이 빠졌을까
> 피할 건 피하고 알릴 건 알린다는
> 피알, 피알 권법.
>
> ―「피알 -상록객잔」 부분

"좆 빠지게"라는 말은 어떤 일에 전력투구하는 모습을 표현하기 위해 흔히 쓰이는 수식어다. 시인은 박력 있게 동네 "나이트클럽 웨이터"는 "이제 빠질 좆이 없다"고 단정

하며 시를 시작한다. 왜냐면 그는 밤마다 "인근 주점"을 돌며 확실하게 "부킹해 주겠다고", 그야말로 "좆 빠지게" 명함을 내밀며 일하기 때문이다. 화자는 손님들에게 "온몸 조아리며" 피알하는 그를 보며 "내시들 아랫도리처럼/ 정말 빠지고 없으면 어쩔거나" 걱정할 지경이다. 화자에게 이런 그의 전력투구는 그가 "하루에 수백 번씩 좆 빠지는 권법"을 쓰는 것으로 보인다. 그러나 "팔짱 끼고 다니는" 여자가 있는 걸 보면 그처럼 권법을 많이 써도 "쉽게 빠지진" 않는 것 같다. 비록 사회 밑바닥이지만 열심을 내어 일하는 웨이터의 모습이 아름답다.

마지막 연에서 갑자기 전혀 다른 장소가 등장한다. 청문회를 하는 걸로 보아 아마 국회인 모양이다. 그런데 거기 '나오는 얼굴'들은 "천연덕스럽"다. 이 말은 "속으론 좆" 빠져 있는 이들이 겉으로는 태연한 모습을 보이고 있는 것에 다름 아니다. 위선이다. 웨이터의 피알은 자신의 업소를 광고·홍보하기 위해 발로 뛰는 피알이다. 그러나 이들의 피알은 "피할 건 피하고 알릴" 것만 알리는 피알이다. 피할 것 다 피하면 무엇이 남나?

위 시에서도 '권법' 같은 무협언어와 함께 '좆'과 같은 비속어가 등장한다. 이 또한 사회적 부도덕성을 일갈하는 '사회현상의 생소화'의 한 방법인 것이다.

6.

"붉을단 향기향"은 시인의 이름이다. 또한 '단심의 향'쯤으로 풀이되는 보검의 이름기도 하다. 그러나 "날 서고 번쩍"여야 할 이 고아한 이름의 보검은 갑자기 "살코기나 써는" "이빨 빠진" 무딘 식칼로 변모된다.(「단향보검」) 극단적인 대조로 아이러니가 번쩍 고개를 쳐든다.

손님이 "눈 부라리서도", "삿대질하시어도", "느끼한 미소로 엉덩이를 툭 치시어도" 객잔의 여주인은 "탱탱한 오줌통 괄약근을 조이며" 허리 굽히고 공손한 목소리로 "굽쇼!"를 연발한다.(「굽쇼!」) 싸가지 없는 짓거리의 동사에 일일이 '하시어도'라는 존칭어를 붙이며 허리를 굽히는 정경에 또한 아이러니를 느낀다.

"범의 고삐를 죄며 신천지의 등고선에 오를 무렵 눈물에 젖었던 눈이 웃는다" 아마도 사랑의 절정에 달한 순간인 것 같다. 이런 격정의 시간이지만 "객점의 지붕은 밤이슬에 촉촉이 젖는" 이는 서정의 시간이기도 하다.(「행복」)

우리는 구체적 환경 속의 개별화된 인물을 보고 있다. 사회현실에 뿌리박은 이런 인물은 결코 우의적이거니 알레고리적 인물이 아니다. 위의 세 가지 경우에서 보듯 객잔의 여주인이 보여주는 검무의 칼끝은 부드럽게 천천히 원을 그리기도 하고 갑자기 빠르게 직선을 내지르기도 한다. 지금까지 그녀만의 검법 몇 가지 특징을 살펴보았지만 정말 보기 드문 고수의 검광을 내뿜고 있다. 황홀한 그 검광에는 검림(劍林)의 숲에서 베이고 다치고 그 아픔에 울어야 했던 세월이 묻어있다. 앞으로도 상록객잔 여주인 신단향의 내공 깊은 칼은 더욱 휘황한 검광을 발할 것으로 믿는다.

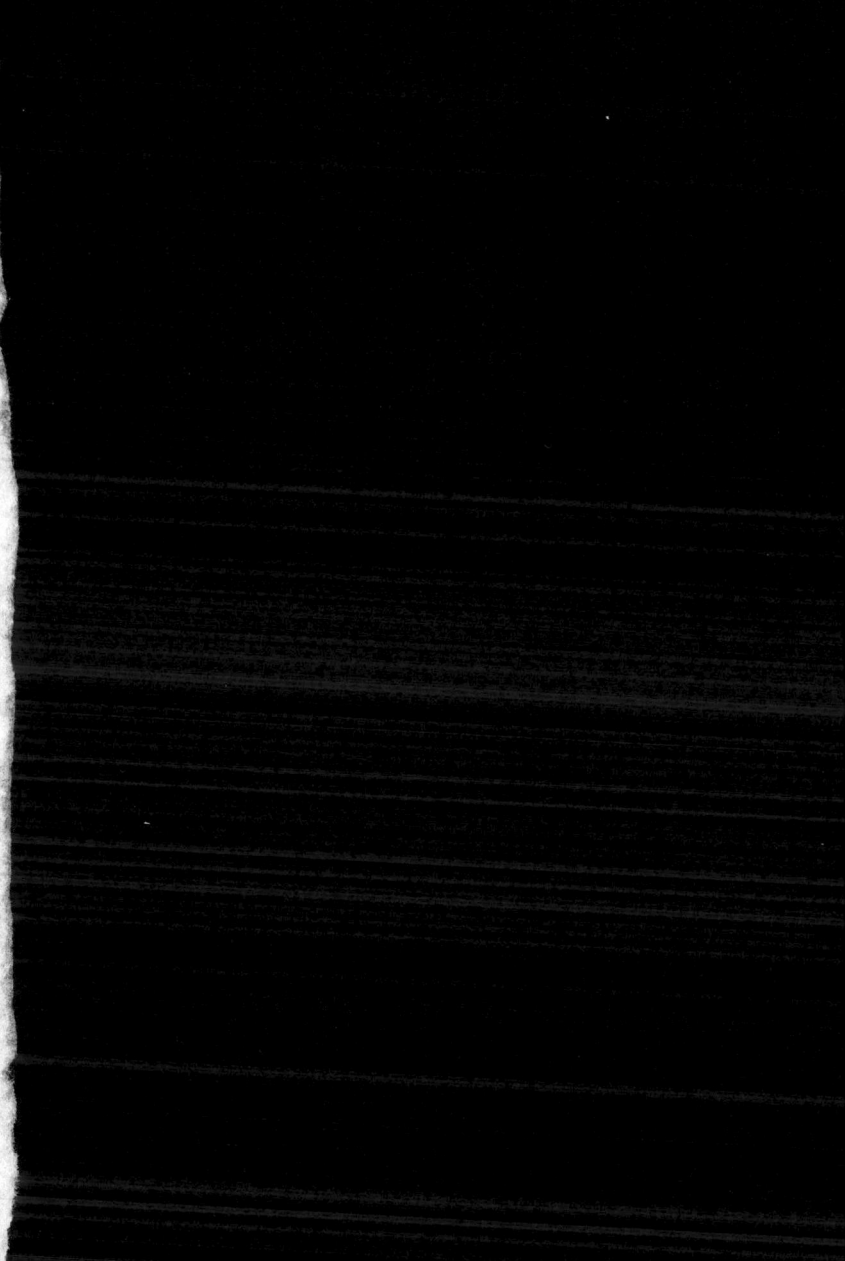

애 지 시 선

002	붉디 붉은 호랑이	장석주 시집
003	붉은 사하라	김수우 시집
004	자전거 도둑	신현정 시집
005	정비공장 장미꽃	엄재국 시집
006	기차를 놓치다	손세실리아 시집
007	바람의 목례	김수열 시집
008	그리운 연어	박이화 시집
009	뜨거운 발	함순례 시집
010	정오의 순례	이기철 시집
011	그 남자의 손	정낙추 시집
012	즐거운 세탁	박영희 시집
013	구룡포로 간다	권선희 시집
014	좋은 날에 우는 사람	조재도 시집
015	여수의 잠	김열 시집
016	축제	김해자 시집
017	뜻밖에	박제영 시집
018	꽃들이 딸꾹	신정민 시집
019	안개부족	박미라 시집
020	아배 생각	안상학 시집
021	검은 꽃밭	윤은경 시집
022	숲에 들다	박두규 시집
023	물가죽 북	문신 시집
024	마늘 촛불	복효근 시집
025	어처구니 사랑	조동례 시집
026	소주 한 잔	차승호 시집
027	기찬 날	표성배 시집
028	물집	정군철 시집
029	간절한 문장	서영식 시집
030	고장 난 아침	박남희 시집
031	하루만 더	고증식 시집
032	몸꽃	이종암 시집
033	허공에 지은 집	권정우 시집
034	수작	김나영 시집
035	나는 열 개의 눈동자를 가졌다	손병걸 시집
036	별을 의심하다	오인태 시집
037	생강 발가락	권덕하 시집
038	피의 고현학	이민호 시집